LA UNCIÓN

LA UNCIÓN

Sed llenos del poder de Dios

DR. ITHIEL TORRES

La unción
Sed llenos del poder de Dios

© 2021, **Ithiel Torres, Ph. D.**
Pastor Reverendo
Cristo Visión Ministries
75E Somerset St.
Raritan, NJ 08869

ISBN: 9798739287755

Se prohíbe la reproducción total o parcial sin previa autorización.

A menos que se indique lo contrario, el texto bíblico ha sido tomado de la versión Reina Valera © 1960 Sociedades Bíblicas en América Latina; © renovado 1988 Sociedades Bíblicas. Utilizado con permiso. Reina-Valera 1960® es una marca registrada de la American Bible Society, y puede ser usada solamente bajo licencia.

El texto bíblico marcado con (NVI) ha sido tomado de la Santa Biblia, Nueva Versión Internacional® NVI® Copyright © 1999 by Bible Society, y puede ser usada solamente bajo licencia.

Las citas de las Escrituras marcadas (NTV) corresponden a la Santa Biblia, Nueva Traducción Viviente, © Tyndale House Foundation, 2010. Usado con permiso de Tyndale House Publishers, Inc., 351 Executive Dr., Carol Stream, IL 60188, Estados Unidos de América. Todos los derechos reservados.

Los textos bíblicos marcadados (NBLA) corresponden a la Santa Biblia, Nueva Biblia de las Américas (NBLA), Copyright © 2005 por The Lockman Foundation son usadas con permiso.

Las citas bíblicas marcadas (PDT) han sido tomadas de la Santa Biblia, Palabra de Dios para Todos © 2005, 2008, 2012 Centro Mundial de Traducción de La Biblia © 2005, 2008, 2012 World Bible Translation Center.

Edición
Yazmín Díaz Torres
Arqueros Casa Editora
(939) 216-2993

INVITACIÓN AL TEXTO

El propósito de la *unción* de Dios en nuestras vidas es cumplir con su obra y ser transformados a la plenitud y estatura de Cristo. Eso solo es posible cuando el poder del Espíritu Santo actúa en nosotros. Así lo establece la Palabra en Zacarías 4:6 «No por el poder ni por la fuerza, sino por mi Espíritu» -dice el SEÑOR de los ejércitos».

La iglesia necesita el poder genuino de Dios. Este poder es la *unción* de Dios que le provee autoridad al creyente para vencer y contrarrestar los poderes y autoridades de las tinieblas. Además, nos empodera para persistir en la carrera que tenemos por delante con la mirada enfocada en el autor y consumador de nuestra fe, Cristo Jesús.

En este libro, el Pastor Ithiel Torres reflexiona sobre lo que significa recibir y vivir en ese poder, cuál es las diferencia entre la emoción y la verdadera *unción*, qué es el Poder de Dios y cómo podemos discernir entre una y otra.

En las palabras del Pastor Torres: «Las emociones producen solamente ruido sin poder, espectáculos sin resultados duraderos, promoción del hombre en lugar de la exaltación de Jesucristo, legalismo a cambio de la Gracia de Dios y libertinaje en lugar de libertad». Y añade: «La *unción* produce poder para servir, fruto permanente, exaltación de Cristo, demostración de la Gracia de Dios y libertad completa a los cautivos».

En estas páginas, encontrarás herramientas útiles que, combinadas con tu diaria intimidad con nuestro Señor y Salvador, te ayudarán a vivir la vida abundante y en victoria por la cual murió para darnos.

Reverenda Gisela Córdoba
Iglesia Cristo Visión Ministries

Este libro se publica específicamente para este tiempo en el que vivimos. Definitivamente, la unción, como se describe en el libro de Hechos, ha estado ausente en la Iglesia moderna. Hemos convertido nuestras iglesias en lugares de entretenimiento y así esperamos que Dios se mueva en medio nuestro. Ya no consideramos el ayuno y la oración como llaves indispensables para recibir la unción de Dios ni le pedimos que sea Él quien unja cuando las personas piden que entre en sus corazones.

El Espíritu Santo y su unción no pueden faltar en nuestras iglesias. El deseo de Dios es derramar de su Espíritu sobre sus hijos. No obstante, hemos reemplazado Su unción con emociones y otros factores externos para poder mantener contenta a la congregación. A menos que retornemos a Dios en Espíritu y en verdad, y nos entreguemos totalmente a Él y Sus propósitos, la unción permanecerá ausente.

Es mi oración y deseo que este libro sea más que otro documento de lectura: anhelo que sea el comienzo de la revelación del Espíritu Santo al corazón de cada lector. Debemos ser llenos de *La Unción* de Dios para que Su nombre sea glorificado y poder cumplir con Sus propósitos aquí en la Tierra.

Espero que la lectura de esta obra sea una verdadera revelación a tu vida tal como lo ha sido para mí.

Frank Feliciano
Florida, Estados Unidos

CONTENIDO

Dedicatoria	1
Agradecimientos	3
Prólogo	5
Introducción	9
1. Estableciendo el fundamento	13
2. Emociones	27
3. El Espíritu Santo y la unción	45
4. Nivel de experiencia de la Iglesia	57
5. ¿Por qué es necesaria la unción?	65
6. ¿Quién puede recibir la unción?	73
7. Tres clasificaciones	81
8. El hombre carnal y la unción	89
9. El precio de la unción	105
10. El hombre espiritual y la unción	115
11. ¿Qué hacer con la unción?	121
12. ¿Cómo hacerlo?	133
Conclusión	145
Sobre el autor	151

DEDICTORIA

Dedico esta obra a mi amada esposa Edna Torres. Por los pasados treinta y nueve años, ella ha servido de inspiración a mi vida y ha tocado a muchos en los años de ministerio pastoral que hemos pasado juntos. ¡Tú has sido una verdadera Pastora!

También, dedico esta obra a mis hijos mayores, Ithiel y Bethsy, a quienes llevo muy dentro de mi corazón.

A Aimée y Stephen, quienes han sido de gran bendición a mi vida y en momentos necesarios han sabido confiar y esperar en el Todopoderoso.

AGRADECIMIENTOS

Agradezco, sobre todo, al Señor Jesucristo porque sin Él, hubiese sido totalmente imposible recopilar todos los datos para elaborar la tesis de la cual surge este libro. Gracias por haberme hecho pasar por el desierto en mi vida. ¡Nunca me dejaste solo!

A mi anciana madre por creer firmemente en la promesa del Señor: «Instruye al niño en su camino, y aun cuando fuere viejo no se apartará de él» (Proverbios 22:6). Mami, ¡soy el cumplimiento de esa promesa! Gracias por ser tan buena maestra.

A mi hermana, Illis A. Pérez, por creer y confiar siempre en mí y en el llamado de Dios en mi vida. Siempre has sido una hermanita ideal.

PRÓLOGO

MUCHOS AÑOS atrás, tuve una experiencia durante un servicio religioso en la ciudad de Gary, Indiana, que impactó mi vida y me llevó a una búsqueda sincera de la unción de Dios. Esta búsqueda ayudó al desarrollo de mi relación «íntima» con Dios. Aunque la experiencia no fue de buen agrado, me impulsó a hacer un sinnúmero de preguntas que habrían de moldear mi vida ministerial.

Durante una campaña de avivamiento, una joven demostró una manifestación violenta clasificada por los ministros como una posesión demoníaca. La joven quedó tendida en el suelo del templo y gritaba a voz en cuello. Los evangelistas y pastores presentes trataron de echar fuera el demonio que agobiaba a esta joven mientras otros trataban de mantener cierto orden en el servicio que ya a esta hora se había convertido en un espectáculo en lugar de un servicio de adoración. Después de una hora, el demonio seguía manifestándose a tal extremo que muchos de los hermanos de la iglesia habían comenzado a irse a sus casas, pues ya eran pasadas las diez de la noche.

Una hora más tarde, quedaban solo los pastores de la iglesia local, los evangelistas invitados y la joven que ya demostraba agotamiento, cansancio físico y emocional. Alguien decidió a esa hora levantarla del suelo y declarar que la joven había quedado libre del ataque del enemigo. Esa noche, me dije: «Si esto es unción de Dios, no me interesa esta clase de espectáculo donde obviamente Satanás se había salido con la suya».

Fui criado en Puerto Rico, en una denominación religiosa Pentecostal. Esta clase de manifestaciones no eran extrañas para mí. Desde pequeño, me había acostumbrado a ver cómo el poder Satánico se apoderaba de individuos y, cuando estos poderes eran confrontados, creaban espectáculos y caos dentro de la congregación. Notaba también que en otras iglesias no ocurrían esta clase de demostraciones. ¿Por qué? Con soberbia espiritual, la contestación de parte de aquellos que fueron mis mentores era -según mi pequeña mente podía comprender- que la Iglesia Pentecostal de Puerto Rico tenía monopolizado el poder y la unción divina. Analizando muchos de estos incidentes, incluyendo el suceso en Gary, Indiana, he podido concluir que muchas veces estos episodios demuestran más bien un desequilibrio emocional de ambas partes - ministros y endemoniados- sin poner el orden necesario en la iglesia de Cristo.

Es cierto que existen poderes demoníacos que se apoderan de individuos entregados a las potestades del reino de las tinieblas y sé muy bien que a la Iglesia del Cordero se le ha otorgado la autoridad para contrarrestar los estragos que el pecado hace en las personas. No obstante, ¿podemos involucrarnos en la práctica de echar fuera demonios sin el temor de que seamos los protagonistas de un espectáculo que tiene el potencial de ser vergonzoso a la Iglesia y al testimonio del Evangelio?

Debe existir alguna marca o regla que nos indique claramente y distinga sin dejar duda alguna cuándo se exhibe una manifestación espiritual o un desplazamiento emocional. Mi intención es poder distinguir y diferenciar claramente una de la otra.

INTRODUCCIÓN

Recibiréis poder cuando haya venido sobre vosotros el Espíritu Santo, y me seréis testigos en Jerusalén, en toda Judea, en Samaria, y hasta lo último de la tierra.

Hechos 1:8

ESTA ESCRITURA es muy conocida entre el pueblo cristiano, especialmente por aquellos que reclaman haber recibido la experiencia de Pentecostés al referirse al evento histórico relatado en el capítulo dos del libro de Los Hechos. Mas ¿qué significa recibir poder? ¿Cómo puedo estar seguro de que lo he alcanzado? ¿Cuáles son las evidencias de que he sido investido de ese poder prometido por el Señor Jesús?

Por cuanto somos seres emocionales y nuestra relación con el mundo natural es definida sobre la base de lo que percibimos con nuestros sentidos, ¿existe alguna diferencia entre sentir ciertas emociones, producto de la adrenalina y la unción, producto de la presencia de Dios sobre nuestras vidas? ¿Cómo podemos discernir entre una y la otra? ¿Están ambas tan entrelazadas de manera que sea imposible separarlas y distinguirlas?

Por cuanto vivimos días difíciles, la Iglesia necesita el poder genuino de Dios. Este poder o unción de Dios nos provee autoridad para vencer y contrarrestar toda situación adversa que se levante contra el Cuerpo de Cristo. Al ser verdaderamente vencedores contra los poderes y autoridades de las tinieblas, entonces, nos convertimos en testigos efectivos de Jesucristo. Nuestro testimonio sería no solamente real, sino autoritario y explosivo tal como el testimonio de los apóstoles en los comienzos de la Iglesia.

Si la unción de Dios es simplemente una emoción, ¿cuál será la base de nuestra victoria prometida en múltiples ocasiones en las Escrituras? Otras preguntas que inmediatamente vienen a nuestro pensamiento son: ¿Será posible vivir victoriosamente en este mundo basándonos en nuestras emociones? ¿Puede la Iglesia cumplir

La misión de propagar efectivamente el Evangelio de Jesucristo sin la intervención sobrenatural de Dios mismo?

1

ESTABLECIENDO EL FUNDAMENTO

Recibiréis poder, cuando haya venido sobre vosotros el Espíritu Santo, y me seréis testigos en Jerusalén, en Samaria, y hasta lo último de la tierra.

Hechos 1:8

Debido a la gran ola de pecado y enfermedades que ataca cada esquina del mundo, hoy más que nunca, el Cuerpo de Cristo necesita poder. De acuerdo con los escritos históricos encontrados en el libro de los Hechos de los Apóstoles, esa demostración de poder caracterizaba la iglesia primitiva. Notamos que, en esos tiempos, de acuerdo con el testimonio de los primeros creyentes, el Señor estaba con ellos ayudándolos (Marcos 16:20). La evidencia de esta ayuda fue la confirmación de la predicación de la Palabra por medio de señales, sanidades, liberación de poderes demoníacos y otras evidencias físicas que dan testimonio de la realidad de aquello que nosotros en nuestro lenguaje eclesiástico llamamos la unción de Dios (Marcos 16:17-20).

Es evidente que algo sobrenatural obraba en estos primeros creyentes. A través de los años, la iglesia, ha buscado retener esa autoridad, poder o unción, utilizando diversos métodos y demostraciones. De alguna manera, lo genuino de las manifestaciones sobrenaturales que exhibía la iglesia, hoy ha sido contaminado con demostraciones emocionales donde el poder de Dios desplazado es muy poco. Cuando por obra divina algún milagro de sanidad o liberación sucede, muchas veces es utilizado como un medio de propaganda para avanzar algún ministerio en particular o para elevar a un hombre a pedestales de admiración y pleitesía.

Muchísimas veces, después de un milagro, la congregación se eleva a un éxtasis emocional donde se pierde lo que realmente es necesario que el milagro produzca: verdadero arrepentimiento, madurez espiritual, crecimiento y adoración al Rey de reyes (Efesios 4:11-16). Otros hombres han tratado de manipular la obra del Espíritu Santo en la iglesia, queriendo crear un monopolio del poder salvador y liberador de Dios. En estos casos, también podemos observar el desplazamiento de un torrente de emociones que no producen el fruto permanente esperado y prometido por el Señor Jesucristo: «Yo os elegí a vosotros y os he puesto para que llevéis fruto, y vuestro fruto permanezca» (Juan 15:16).

Debido a la mala utilización -si así podemos llamarle- y a la comercialización de la unción de Dios, nos encontramos en el presente con una iglesia que demuestra debilidad, agotamiento y crisis. Algunos creyentes dudan y cuestionan la realidad de lo que la Palabra enseña sobre nuestra autoridad en el mundo espiritual. La Palabra dice: «Somos más que vencedores» (Romanos 8:37). Los ministros se han apartado de la búsqueda de ese poder transformador dejando de tomar el ministerio como una vocación, producto del llamado de Dios a vidas dispuestas a ser utilizadas por Él para su gloria y la expansión de su Reino.

El ministerio se ha convertido en una profesión de cierto prestigio, pero carente de efectividad en vidas atadas y atormentadas por el enemigo. Organizaciones religiosas y evangélicas deniegan la veracidad de las señales producidas a causa del poder manifestado de Dios utilizando a personas como canales de bendición a la raza humana. Estas organizaciones declaran que el tiempo de los milagros terminó en el primer siglo de la era cristiana junto con los ministerios apostólicos. Esta declaración está muy lejos de lo real, ya que la Biblia enseña: «Y él mismo constituyó a unos, apóstoles; a otros, profetas; a otros evangelistas; a otros, pastores y maestros, a fin de perfeccionar a los santos para la obra del ministerio, para la edificación del cuerpo de Cristo, hasta que todos lleguemos a la unidad de la fe y al conocimiento del Hijo de Dios, a un varón perfecto, a la medida de la estatura de la plenitud de Cristo» (Efesios 4:11 – 13). ¿Cómo es posible que hayamos llegado a esta condición?

Meditando sobre la labor del Espíritu Santo en la Iglesia, entendemos que su obra es, preparar la «Esposa del Cordero» para el encuentro con su Señor (1 Corintios 6:19; Efesios 1:13; Juan 14:16, 26). Si esta obra de cuidar, instruir, preparar y purificar la Iglesia ha sido encomendada al Espíritu Santo, nos vemos en la obligación de hacernos estas preguntas: ¿Es el Espíritu de Dios responsable en su labor? ¿Es capaz de cumplir su encomienda? Obviamente, la contestación a estas preguntas es afirmativa e inequívocamente, sí. Ninguno de nosotros tendríamos la osadía de titular al Espíritu de Dios como irresponsable e incapaz. Creo firmemente y sin duda alguna que el Espíritu Santo cumplirá su obra en su totalidad y perfección.

La Iglesia de Jesucristo comenzó con el cumplimiento de la profecía dicha por el profeta Joel: «Y después de esto derramaré mi Espíritu sobre toda carne, y profetizarán vuestros hijos y vuestras hijas; vuestros ancianos soñarán sueños, y vuestros jóvenes verán visiones. Y también sobre los siervos y sobre las siervas derramaré mi Espíritu en aquellos días» (Joel 2:28-29). Esto fue reafirmado por el apóstol Pedro el día de Pentecostés en su primer sermón al decir: «Mas esto es lo dicho por el profeta Joel . . .» (Hechos 2:16-18). Entonces, si esta profecía se cumplió, debemos tener la seguridad de que la obra del Espíritu Santo es completada en nosotros. El Cuerpo de Cristo no puede ser un cuerpo enfermizo, sin autoridad, débil o derrotado.

Por otro lado, debemos observar la razón por la cual Jesucristo estableció diversos ministerios como dones a la Iglesia: «A fin de perfeccionar a los santos para la obra del ministerio». Esto implica llevarlos a ser completos en Cristo. Ser completo significa que las obras que Él hizo, la Iglesia las debe hacer (Juan 14:12). Muchos nos olvidamos de la segunda parte de esta frase: «...para la obra del ministerio». ¿Qué ministerio o servicio? Muchos hablan en términos personales diciendo: «Mi ministerio». Pienso que es más correcto decir: «El ministerio del Señor».

La Iglesia es la continuación de lo que Jesús comenzó a demostrar a la humanidad: «Yo he venido a servir (ministrar)» (Marcos 10:45). Al hacernos dueños de la obra de Jesucristo, dejamos de estar sujetos a su voluntad, dominio y dirección, tomando caminos equivocados que producen tristeza, agotamiento, frustración, confusión y derrota. Jesús dijo: «Ciertamente les aseguro que el que cree en mí las obras que yo hago también él las hará, y aun las hará mayores, porque yo vuelvo al Padre» (Juan 14:12, NVI). Nos concentramos en la frase «aún mayores» sin comprender que la razón por la cual las señales serían mayores no es por nuestros propios méritos, más bien porque la obra de Jesucristo se multiplicaría a través de las edades. La obra del Señor, además, continuará sufriendo violencia, ataques y nuevos retos (Mateo 11:12) que en el primer siglo de la época cristiana no existían.

«Para la edificación del cuerpo de Cristo», nos habla de construcción de un cuerpo al que llamamos la Iglesia. Edificar implica, impartir vida, salud y fuerza a ese cuerpo. Para lograr esto es necesario que los que hemos sido llamados al ministerio o servicio del Señor Jesús, estemos conectados a la fuente de vida, hayamos recibido restauración y sanidad completa para ministrar desde el punto de sanidad en lugar de enfermedad. Además, debemos asegurarnos de que nuestra fortaleza sea Dios y no nuestros estudios, carisma, arte de persuadir o deseos de grandiosidad.

El texto continúa: «Hasta que todos lleguemos a la unidad de la fe». En un mundo tan lleno de diversidad de costumbres, tradiciones, culturas, etc., ¿cómo será posible llegar a la unidad de la fe? Aún dentro del mundo cristiano-eclesiástico, encontramos tantas diferencias de opinión, liturgia, métodos... ¿Habrá sido esto un pensamiento ligero de parte del apóstol o una aseveración ostentosa? Si miramos desde el punto de vista carnal, esto es completamente una imposibilidad y una locura. Observándolo desde el corazón y el carácter de Dios, veremos que esta escritura no habla de costumbres, liturgia u opinión teológica. Nuestra unidad se encuentra anclada en el hecho de que: «Si confesamos con la boca que Jesús es el Señor y creemos en el corazón que Dios le levantó de entre los muertos, seremos salvos» (Romanos 10:9). Este es el factor unificador de la Iglesia, lo demás nos divide y secciona.

«Hasta que lleguemos al conocimiento del Hijo de Dios», no es un conocimiento teológico, sino un conocimiento relacional. Hoy nos preocupamos por presentar un sermón con una homilética perfecta y buscamos ser más entretenedores de congregaciones que ministros de la gracia de Dios y fieles pastores del rebaño. ¿Cómo podremos llevar a otros al conocimiento de Cristo si nosotros mismos no hemos tomado el tiempo necesario para conocerlo? Los creyentes antiguos tuvieron gran éxito en la propagación del

Evangelio por un secreto que se le escapa al cristianismo moderno: «Los gobernantes, al ver la osadía con que hablaban Pedro y Juan, y al darse cuenta de que eran gente sin estudios ni preparación, quedaron asombrados y reconocieron que habían estado con Jesús» (Hechos 4:13).

Para llegar a conocer bien a Cristo, tenemos que pasar tiempo con Él. Leí hace varios años, en una revista cristiana, un estudio conducido por E. M. Bounds sobre la vida espiritual de pastores en Estados Unidos de América. Bounds descubrió que el ministro promedio ora menos de una hora por semana. ¡Con razón se nos hace tan difícil conocer al Hijo de Dios! Son los pastores del rebaño quienes llevan a las ovejas a pastos nuevos para ser alimentados. Si no pasamos tiempo con Jesús, no lo conoceremos personalmente y no podremos influenciar a otros a tener una vida profunda en Cristo.

«Lleguemos a la medida de la estatura de la plenitud de Cristo», nos habla de crecimiento y madurez espiritual. Es triste ver creyentes que año tras año visitan nuestras iglesias, pero al medir su crecimiento en el Señor, notamos que son gente inmadura en lo que a la vida en Cristo se refiere. Hace varios años, llevé a cabo una investigación en una iglesia en el estado de Arizona sobre el conocimiento bíblico de la congregación. El resultado fue desalentador al ver que el 97% de ellos no había adquirido un conocimiento básico y general de la Biblia. El pastor de la iglesia quedó atónito al recibir el informe. Había predicado y enseñando en esta congregación de 250 miembros por más de diez años. Un 45% no sabía que el escritor del libro de Génesis fue Moisés.

En otro estudio que hice en la misma congregación, llegué a la conclusión de que el 92% no sabía explicar de forma concisa el plan de la Salvación. ¡Esto no es natural para un hijo de Dios! Debe haber cierto crecimiento que nos traerá experiencias que nos ayuden a madurar en el Señor. La debilidad no es nuestra herencia en Cristo. La Biblia enseña que nuestro testimonio es confirmado con «señales» (Marcos 16:20).

El cumplimiento de esta promesa es el propósito de la unción de Dios. Debemos reconocer que cuando la presencia del Espíritu Santo viene a nuestra vida, tendremos compañerismo con Él.

Sabremos que Él nos ha dotado de poder espiritual, mental y físico para luchar contra demonios y enfermedades. Esto transciende nuestras emociones, que son limitadas y muy traicioneras. El profeta Jeremías nos enseña en el capítulo 17 y el verso 9: «Engañoso es el corazón más que todas las cosas, y perverso; ¿quién lo conocerá?». Son nuestras emociones las que a veces pervierten lo real, dándole un matiz diferente a lo intencionado.

Nuestras emociones tienen la tendencia de poner límites y fronteras a todo, pues ellas son dominadas por los parámetros de nuestro entendimiento que, de por sí, es limitado en la interpretación de la percepción del mundo natural. Si queremos operar en el poder real de Dios con el cual la iglesia ha sido dotada, tendremos que derribar los horizontes, las barreras y limitaciones que nos hemos forjado sobre el poder de Dios. Debemos ir más allá de los perímetros que han cercado nuestros conceptos. Lo que necesitamos es avanzar hacia el poder ilimitado de Dios donde no hay horizontes ni fronteras. Debe ser el blanco del Cuerpo de Cristo el descubrimiento de nuevas dimensiones del poder de Dios que no cesará, sino que se multiplicará continuamente. La Iglesia de Jesucristo descrita en la Biblia es: Más que vencedora, Triunfante, Bella, Poderosa, Brillante, Resplandeciente, Santa, Gloriosa (Romanos 8:31; 2 Corintios 2:14; Efesios 5:27; Filipenses 2:15; 1 Corintios 1:2).

Ninguno de estos adjetivos da la indicación de debilidad o derrota, al contrario, nos habla de fortaleza, victoria y conquista. Jesús les dijo a sus discípulos en Juan 16:7: «Les conviene que me vaya porque, si no lo hago, el Consolador no vendrá a ustedes». Se trata de la obra gloriosa del Espíritu Santo, la cual nos llevará a hacer las grandes cosas prometidas por el Señor que, medidas con las demostraciones de autoridad y poder desplazado durante su ministerio terrenal, serían mayores.

Es por esta razón que Jesús enfatizó que era conveniente o saludable para nosotros que Él se fuera. Sin embargo, notemos las razones por las cuales el Espíritu Santo vendría y nos impulsaría a hacer estas obras: «Y cuando él venga, convencerá al mundo de su error en cuanto al pecado, a la justicia y al juicio» (Juan 16:8, NVI).

El poder de Dios o la unción no es dada para levantar el nombre de un predicador u organización. Por el contrario, si alguien será elevado, el verso 14 del mismo capítulo enseña: «Él me glorificará porque tomará de lo mío y se lo dará a conocer a ustedes». La obra del Espíritu Santo es elevar el nombre glorioso de Cristo Jesús y Él hace su obra a través de nosotros, vasos dispuestos a ser utilizados para la gloria del Rey.

Podemos, entonces, decir lo siguiente: El Espíritu Santo puede y quiere operar efectivamente en la vida de la iglesia, pero nosotros debemos permitir que su obra sea manifiesta.

2
EMOCIONES

Engañoso es el corazón más que todas las cosas, y perverso; ¿quién lo conocerá?

Jeremías 17:9

EN EL tercer tomo de una serie de libros titulados *How to Win in Spiritual Warfare* (*¿Cómo ganar en la guerra espiritual?*), el escritor Joseph E. Smith, describe las emociones de la siguiente manera: «Emoción es la facultad del alma que nos permite amar u odiar, gozo o tristeza, bueno o malo, alegría o congoja. En el sentido filosófico, es una emoción o agitación interna que pasa sin deseo; cuando el deseo le sigue, la emoción es llamada pasión». Los sentimientos son descritos en el mismo libro como «la sensación de conciencia por el tacto». El sentimiento envuelve percepción por el tacto para lograr excitar las sensaciones por contacto de algo con el cuerpo o extremidades. Los sentimientos tienden a excitar las emociones y a estimular los deseos y pasiones.

Dr. Ithiel Torres

Las emociones y sentimientos están muy entrelazados entre sí. El estímulo de nuestras diversas emociones responde principalmente a nuestros sentimientos. Estos sentimientos pueden ser reales o imaginarios, pueden tener sustancia o no. A nuestras emociones esto no le interesa.

La mente también es parte de nuestras emociones. Comenzamos a sentir algo, nuestras emociones son estimuladas y los pensamientos comienzan a correr por nuestra mente. Allí, podemos comenzar a abrigar estos pensamientos y sentimientos. ¡Con razón el apóstol Pablo descubrió el problema entre sus deseos espirituales y los carnales, descrito en Romanos capítulo siete (Romanos 7:14-23)!

Teniendo las emociones, sentimientos y la mente tan entrelazados, se le hace muy difícil al ser humano poder separar los mensajes del espíritu de los del alma o su ser emocional. La Biblia enseña que la carne y el espíritu no son compatibles, el uno repela al otro.

Sabemos en efecto, que la ley es espiritual. Pero yo soy meramente humano, y estoy vendido como esclavo al pecado. No entiendo lo que me me pasa, pues no hago lo que quiero, sino lo que aborrezco. Ahora bien, si hago lo que no quiero, estoy de acuerdo en que la ley es buena; pero, en ese caso, ya no soy yo quien lo lleva a cabo sino el pecado que habita en mí. Yo sé que, en mí, es decir, en mi naturaleza pecaminosa, nada bueno habita. Aunque deseo hacer lo bueno, no soy capaz de hacerlo. De hecho, no hago el bien que quiero, sino el mal que no quiero. Y si hago lo que no quiero, ya no soy yo quien lo hace sino el pecado que habita en mí. Así que descubro esta ley: que cuando quiero hacer el bien, me acompaña el mal. Porque en lo íntimo de mi ser me deleito en la ley de Dios, pero me doy cuenta de que en los miembros de mi cuerpo hay otra ley, que es la ley del pecado. Esta ley lucha contra la ley de mi mente, y me tiene cautivo.

Romanos 7:14 – 23

Hace muchos años, en una convención ministerial, escuché un debate entre los miembros de un panel de pastores en el que trataban de explicar la diferencia entre alma y el espíritu y cuál era la función de cada uno. Uno de los pastores dijo algo que jamás he olvidado: «Por cuanto el espíritu y la carne no congenian entre sí, Dios creó en el ser humano un catalítico que los uniera. A este catalítico se le llama alma». Todos sabemos muy bien y estamos de acuerdo en que el lenguaje espiritual es más elevado que el lenguaje que utilizamos para comunicarnos. Es necesario que el espíritu comunique sus deseos, necesidades y mensajes a la mente carnal del hombre, pero ¿cómo hacerlo?

Utilizando el alma en donde están colocadas todas nuestras emociones. Luego, la mente debe responder al espíritu, ya que es ella el mecanismo que domina todos nuestros movimientos, acciones y las decisiones que tomamos. El asunto está en saber si la percepción del mensaje enviado por el espíritu es el correcto.

Los mensajes del espíritu son filtrados e interpretados por nuestro ser emocional antes de ser comunicados a la mente. Esta filtración puede ser pura o corrupta. La Biblia enseña en el Evangelio según San Juan 4:24 que Dios es Espíritu, por lo tanto, su comunicación con el ser humano es directamente al espíritu humano y no a la carne. Sin embargo, para que su mensaje sea efectivo en nuestras vidas, debe ser entendido por nuestra mente. ¿Cómo es posible para una mente finita entender cosas eternas? Sabemos que el lenguaje espiritual es más elevado que la lengua vernácula y también sabemos que la realidad o ámbito espiritual es más elevado y complejo que el natural.

Nuestra mente entiende, discierne y se relaciona fácilmente con lo que le es proyectado a través de los cinco sentidos. Ellos solamente tienen la facultad de relacionarse con lo que se puede ver, palpar, oír, olfatear y saborear. ¡Tan limitados son nuestros sentidos naturales! El espíritu discierne lo invisible, lo eterno, lo inexplicable. ¡Si pudiéramos liberar el espíritu de las limitaciones de nuestra carne, comprenderíamos lo grandioso, inescrutable y poderoso que es el Rey de Gloria!

Esto enseña la Palabra de Dios en Isaías 55:8-9: «Porque mis pensamientos no son vuestros pensamientos, ni vuestros caminos mis caminos, dijo Jehová. Como son más altos los cielos que la tierra, así son mis caminos más altos que vuestros caminos, y mis pensamientos más que vuestros pensamientos». Por tal razón, encontramos el consejo en los versos anteriores: «Buscad a Jehová mientras puede ser hallado, llamadle en tanto que está cercano. Deje el impío su camino, y el hombre inicuo sus pensamientos, y vuélvase a Jehová, el cual tendrá de él misericordia, y al Dios nuestro, el cual será amplio en perdonar» (Isaías 55:6-7). Sobre este asunto, el apóstol Pablo establece varias verdades en 1 Corintios 2 y 3. En primer lugar, que la revelación cristiana no se recibe por sabiduría humana: «Así que hermanos, cuando fui a vosotros para anunciaros el testimonio de Dios, no fui con excelencia de palabras o sabiduría y ni mi palabra ni mi predicación fueron con palabras persuasivas de humana sabiduría, sino con demostración del Espíritu y de poder» (1 Corintios 2:1-8).

Si el apóstol hubiese hablado de su propia sabiduría, la cual poseía abundantemente siendo él uno de los grandes pensadores de la época, no hubiese podido demostrar la efectividad del Evangelio. Las verdades espirituales no pueden descubrirse por medio de sabiduría humana: «Cosas que ojo no vio, ni oído oyó, ni han subido en corazón de hombre, son las que Dios ha preparado para los que le aman» (1 Corintios 2:9). Es imposible percibir estas cosas por medio de nuestros sentidos humanos ni tampoco con nuestras emociones. Dios revela las verdades espirituales solamente a aquellos que están preparados para recibirlas: «Pero Dios nos las reveló a nosotros por el Espíritu; porque el Espíritu todo lo escudriña, aun lo profundo de Dios» (1 Corintios 2:10-12).

Las cosas reveladas se enseñan en el lenguaje espiritual: «Hablamos, no con palabras enseñadas por sabiduría humana, sino con las que enseña el Espíritu» (1 Corintios 2:13). Las cosas espirituales se disciernen o entienden espiritualmente: «Las cosas que son del Espíritu de Dios se han de discernir espiritualmente» (1 Corintios 2:14-16). Una condición de carnalidad impide el crecimiento espiritual: «De manera que yo, hermanos, no pude hablaros como espirituales, sino como a carnales, como a niños en Cristo» (1 Corintios 3:1-3).

Una de las dificultades que el creyente recién nacido encuentra es que, aunque ha experimentado la libertad del pecado, continúa dominado por sus emociones. Si este creyente no recibe las experiencias adicionales de la obra redentora de Cristo en la cruz del Calvario, se frustrará y se encontrará falto de autoridad para vencer su propia naturaleza carnal. Lo triste de esto es que muchas iglesias clasifican demostraciones emocionales como crecimiento espiritual, lo que impide el verdadero crecimiento y la madurez que todo creyente necesita.

Watchaman Nee, en su libro *The Spiritual Man* (*El hombre espiritual*) dice: «Mientras más estudiamos cómo las emociones operan en nuestra vida, más convencidos podemos quedar de su vacilación y falta de dependencia. Nadie debe asombrarse de que un hijo de Dios que camina de acuerdo con sus emociones en lugar de en el Espíritu, usualmente se comporte como las olas del mar». Repito las palabras del profeta Jeremías: «Engañoso es el corazón más que todas las cosas, y perverso; ¿quién lo conocerá?».

Cuando el hombre se rige por sus emociones, su personalidad se tuerce y deprava. En psicología a esto se le llama «Desordenes de Personalidad». Las emociones solas causan desequilibrio en la vida del individuo. Ellas no fueron diseñadas para tomar total dominio de nuestras acciones y razonamiento; su función es ayudarnos en las relaciones interpersonales y en nuestra manifestación al mundo natural. Como he dicho previamente en este escrito, las emociones son las que demuestran amor u odio, gozo o tristeza, lo que es bueno o malo, la alegría o la congoja. Ellas juegan un papel importante en nuestras vidas, si así no fuese, Dios no hubiese tomado este diseño.

Es saludable recordar en estos momentos que fuimos creados a la imagen y semejanza de Dios (Génesis 1:26). A través de las Escrituras, podemos notar que Dios mismo demuestra emociones tales como cariño, enojo, alegría, ira, etc. (Romanos 5:8; Éxodo 4:14; Salmos 60:6; Colosenses 3:6). Sin embargo, todas estas demostraciones han sido medidas y controladas por su naturaleza santa y justa.

Después de la caída, el hombre descontroló el equilibrio establecido por Dios en la Creación con el pecado. Ese equilibrio entre espíritu, alma y cuerpo que permitía y empoderaba al ser humano a hablar cara a cara con Dios sin la necesidad de un mediador fue totalmente destruido. Romanos 1:21, 22 y 24 enseñan lo siguiente: «A pesar de haber conocido a Dios, no lo glorificaron como a Dios ni le dieron gracia, sino que se extraviaron en sus inútiles razonamientos, y se les oscureció su insensato corazón (emociones.) Aunque afirmaban ser sabios, se volvieron necios. Por eso, Dios los entregó a los malos deseos de sus corazones (emociones)». Este es el resultado final de la depravación del plan excelente de Dios para la raza humana.

Más adelante, discutiremos los estragos degradantes a la raza humana apartada de Dios. Es tan horrenda la situación que muchos predicadores modernos no tocan este pasaje de las Escrituras. Una de las preguntas que Dios le hizo al hombre en el huerto del Edén fue: «¿Quién te ha dicho que estás desnudo?" (Génesis 3:11, NVI).

Note que antes del hombre desobedecer el mandato de Dios, su desnudez física no era ningún problema. ¿Por qué se constituye ahora en uno? Creo firmemente que, al abrirse los ojos del hombre al área espiritual del reino de las tinieblas, pudieron entender que ese conocimiento o razonamiento, como lo explica el apóstol Pablo, les extirpó de la cobertura y protección que Dios había provisto para ellos. ¡Su propia gloria! Ahora se encuentran desnudos, sin la gloria de Dios que les cubriese.

Antes de la caída del hombre, él dependía totalmente de las directrices divinas y su relación personal con su Creador. Después de la caída, encontramos a la raza humana dependiendo a través de las edades más y más de sus sentimientos o emociones. Por cuanto nuestras emociones son tan cambiantes e inestables, ¿cómo podemos continuar confiando a ciegas en ellas?

Antes de la caída, el hombre dependía totalmente de la gloria de Dios, el conocimiento de Dios, la sabiduría de Dios y la revelación de Dios. Después de la caída, el hombre depende de lo que ve, oye, olfatea, saborea y toca. De lo eterno a lo perecedero, de lo incorruptible a lo corruptible, de lo inconmovible a lo variante, de lo santo y justo a lo impuro e injusto.

Cada vez que damos rienda suelta a las emociones, desvalorizamos la moral, la decencia y el respeto. El primer homicidio registrado en la historia (Génesis 4:5-8) fue causado debido a la falta de control emocional de Caín. La depravación moral y espiritual de la sociedad antediluviana también fue el resultado de emociones descontroladas de parte de los hombres (Génesis 6:5). Saúl buscaba eliminar a David, quien había sido escogido y ungido por Dios debido a los celos y a la envidia (1 Samuel 18:8-19). El gran rey David adulteró, engañó y cometió homicidio, todo debido a su lascivia y codicia. Prestemos atención a lo que Santiago escribió en su epístola: «¿De dónde surgen las guerras y los conflictos entre ustedes? ¿No es precisamente de las pasiones que luchan dentro de ustedes mismos? Desean algo y no lo consiguen. Matan y sienten envidia, y no pueden obtener lo que quieren. Riñen y se hacen la guerra. No tienen porque no piden. Y cuando piden, no reciben porque piden con malas intenciones, para satisfacer sus propias pasiones» (Santiago 4:1-3, NVI).

En nuestros días, vemos que la depravación moral, espiritual, social y de valores se corrompe más y más. En la década de los 1960, la época del «amor libre», el dicho era: «If it feels good, do it» (Si se siente bien, hazlo.). Fue entonces cuando se perdió la decencia y el respeto, pues en esos años se animaba a los jóvenes a cuestionar y a rebelarse contra todo lo que representaba autoridad. Esto llevó a los jóvenes y a la sociedad a cambios radicales que afectaron también a la Iglesia.

Hoy estamos sintiendo los estragos de ese derroche de emociones y sentimientos demostrados durante esa década. ¿Cuántos ministros han perdido su credibilidad y testimonio por haberse dejado llevar por las emociones, los sentimientos y las pasiones? Tal parece que de vez en cuando viene una ola de ataques contra organizaciones religiosas y ministros prominentes y de renombre. El problema es que, siempre que alguien del clero queda expuesto, quien sufre es el Cuerpo de Cristo. El Señor Jesucristo vino con el propósito de destruir ese patrón erróneo y traer una vez más al ser humano a su estado original de santidad, justicia e íntima relación con el Creador.

Las manifestaciones de nuestras emociones

¿En qué aspectos particulares se manifiestan con mayor evidencia las emociones del ser humano? En las palabras, en los razonamientos y en los pensamientos. Mateo 12:34b establece: «De la abundancia del corazón (emociones), habla la boca». El hombre emocional, muy pronto proferirá palabras que provienen de sus emociones, pues eso es lo que su corazón alberga. Jesús dejó una advertencia que nos sirve además de directriz, como un instrumento de medida: «Lo que contamina a una persona no es lo que entra en la boca, sino lo que sale de ella . . . ¿No se dan cuenta de que todo lo que entra en la boca va al estómago y después se hecha en la letrina? Pero lo que sale de la boca viene del corazón y contamina a la persona. Porque del corazón salen los malos pensamientos, los homicidios, los adulterios, la inmoralidad sexual, los robos, los falsos testimonios y las calumnias» (Mateo 15: 11 y 17-19, NVI).

Si hablamos palabras sin restricción alguna y sin medir el efecto que ellas tienen sobre los oyentes, simplemente por satisfacer nuestro propio bienestar o nuestra interpretación de lo que nos rodea, sin duda alguna, no somos dirigidos por el Espíritu de Dios. Más bien, somos dominados por nuestras emociones. Lo triste del asunto es que esta clase de comunicación demuestra una situación más seria: rebelión.

Los razonamientos

En la carta a los Romanos 9:20-21, el apóstol Pablo escribió: «¿Quién eres tú para pedirle cuentas a Dios? ¿Acaso le dirá la olla de barro al que la modeló: '¿Por qué mi hiciste así?' ¿No tiene derecho el alfarero de hacer del mismo barro unas vasijas para uso especiales y otras para fines ordinarios?». Razonamientos carnales o emocionalmente dominados, nos llevan a altercar contra Dios en lugar de a un sometimiento a su divina voluntad para nuestra vida.

Esto también demuestra rebelión. Los razonamientos de esta índole se desprenden de corazones no arrepentidos y transformados por el poder del Espíritu Santo. Así es como detenemos el crecimiento y la madurez espiritual. Actuando bajo razonamientos emocionales y carnales, nos encontraremos muy por debajo del patrón que Dios ha destinado para nosotros.

Para seguir al Señor en su camino victorioso, es necesario quitar nuestra vista de los razonamientos carnales y emocionales. Debemos preguntarnos: ¿Qué gobierna mi vida? ¿Mi propia opinión, mi propia razón o la autoridad divina de Dios? Watchman Nee, en su libro *Spiritual Authority* (*Autoridad Espiritual*), manifiesta lo siguiente: «Cuando seamos iluminados por el Señor, seremos cegados por la luz, y nuestros razonamientos serán desechados».

El apóstol Pablo quedó ciego por la luz que se le apareció en el camino a Damasco; desde entonces, no se fio de su propia razón. A los hombres siempre les gusta argumentar desde el punto de sus emociones y deseos pecaminosos. Tengamos mucho cuidado de aquellos que viven para argumentar, pues ellos se enredan en sus propios razonamientos vanos sin poder presentar evidencias contundentes de la gracia de Dios para con los hombres. Argumentar es un vehículo que eleva nuestras emociones, acallando así la voz del Espíritu.

Los pensamientos

El apóstol Pablo escribió: «Las armas con que luchamos no son del mundo, sino que tienen el poder divino para derribar fortalezas. Destruimos argumentos y toda altivez que se levanta contra el conocimiento de Dios y llevamos cautivo todo pensamiento para que se someta a Cristo» (2 Corintios 10:4, 5, NVI).

En el Nuevo Testamento griego, la palabra *noema* (o su plural *noemata*) es utilizada seis veces: en Filipenses 4:7; 2 Corintios 2:11; 3:14; 4:4; 10:5 y 11:3. Se ha traducido al castellano como *pensamiento* o *pensamientos*, significando el ardid o los ardides de la mente. La «mente» es la facultad; el «ardid», su acción o el producto de la mente humana. Por la facultad de la mente, el hombre piensa y decide libremente.

Si el hombre aspira mantenerse libre, debe asegurarse de que todos sus pensamientos sean examinados por el Espíritu de Dios antes de albergarlos en su corazón, el cual utilizará la boca para exponer salud o contaminación, vida o muerte. Para poder ser útil a la obra de Dios bajo su unción y poder, es preciso destruir primero los razonamientos humanos. Solamente cuando el hombre entienda que Dios es Dios como es afirmado en Romanos 9, quedarán destruidos todos sus argumentos. Una vez sean destruidas las fortalezas de Satanás, no quedará ningún argumento más y los pensamientos del hombre serán llevados cautivos a la obediencia de Cristo.

Esta acción de sometimiento voluntario cultivará eficazmente el corazón o las emociones para que la palabra del Espíritu Santo germine y sea fructífera. Proverbios 18:21 enseña: «La muerte y la vida están en el poder de la lengua». Dios nos advierte en Proverbios 4:23: «Por sobre todas las cosas cuida tu corazón, porque de él mana la vida» (NVI). El creyente que desea ser utilizado poderosamente por Dios, debe cuidar responsablemente de sus emociones para que ellas no interfieran con la obra del Espíritu Santo comunicando mensajes erróneos o corruptos a nuestra mente.

3
LA UNCIÓN

Recibiréis poder, (dunamis) cuando haya venido sobre vosotros el Espíritu Santo, y me seréis testigos en Jerusalén, en toda Judea, en Samaria, y hasta lo último de la tierra.

Hechos 1:8

ESTE FUE el mandato que Jesús dejó a sus discípulos antes de su ascensión. Esto es interesante, ya que anteriormente les había impartido el Espíritu Santo: «Entonces Jesús les dijo otra vez: Paz a vosotros. Como me envió el Padre, así también yo os envío. Y habiendo dicho esto, sopló, y les dijo: Recibid el Espíritu Santo» (Juan 20:21-22). También, habían recibido autoridad para hacer milagros y reprender demonios: «Habiendo reunido a sus doce discípulos, les dio poder y autoridad sobre todos los demonios, y para sanar enfermedades. Y los envió a predicar el reino de Dios, y a sanar a los enfermos» (Lucas 9:1-2).

¿Por qué entonces Jesús indica en el pasaje del libro de Hechos que era necesario que el Espíritu Santo viniese sobre ellos? Creo firmemente que existen tres ministerios (servicios) claves del Espíritu Santo en su relación con el ser humano. Para comprobar esto, veamos lo que las Escrituras Sagradas nos enseñan...

Identificación

Pero el que se une al Señor se hace uno con él en espíritu. ¿Acaso no saben que su cuerpo es templo del Espíritu Santo, quien está en ustedes y al que han recibido de parte de Dios? Ustedes no son sus propios dueños; fueron comprados por un precio. Por tanto, honren con su cuerpo a Dios.

1 Corintios 6:17, 19, 20, NVI

Estos versos nos hablan del primer ministerio o servicio del Espíritu Santo en su relación con el ser humano. Es un ministerio de identidad. El Espíritu Santo está en nosotros, identificando al creyente como redimido y posesión de Dios. Cuando Satanás se acerca, debe ver clara y definidamente la marca o el *sello* del Espíritu en cada uno de los miembros verdaderos del Cuerpo de Cristo. Cuando el Padre mira a sus hijos, debe ver su propio reflejo, pues los creó a su imagen y semejanza. En el primer Adán, el hombre perdió esa identidad debido a su desobediencia. En el segundo Adán, Jesucristo, el ser humano tiene la oportunidad de recobrar su identidad perdida en el huerto.

Protección

Y yo le pediré al Padre, y él les dará otro Consolador para que los acompañe siempre; el Espíritu de verdad, a quien el mundo no puede aceptar porque no lo ve ni lo conoce. Pero ustedes sí lo conocen, porque vive con ustedes y estará en ustedes. No los voy a dejar huérfanos; volveré a ustedes.

Juan 14:16-18, NVI

Estos versos nos hablan de un ministerio o servicio protector. Jesús no quería dejar a su iglesia huérfana, sola y expuesta a los ataques despiadados del enemigo. Por lo tanto, el Espíritu Santo tendría que proteger a los escogidos estando con ellos cuidando y protegiéndoles tal como Cristo lo hizo. Jesús se mostró a sí mismo como el

Buen Pastor, quien entrega su vida por sus ovejas. Ahora, el Espíritu Santo tiene esa misión o ministerio de cuidar el rebaño. El precio de la Salvación fue muy elevado para dejar a la deriva y desamparada la nueva creación nacida y plantada en el sacrificio vicario del Cordero de Dios.

Autoridad

Pero cuando venga el Espíritu Santo sobre ustedes, recibirán poder y serán mis testigos tanto en Jerusalén como en toda Judea y Samaria, y hasta los confines de la tierra.

Hechos 1:8

Este verso nos habla de poder y autoridad. Cuando el Espíritu Santo venga sobre el creyente, tendrá poder o unción para ser un testigo eficaz de Cristo. Cuando el Señor Jesús iba a partir de esta tierra, dejó una encomienda a todos sus seguidores a la cual hemos titulado «La Gran Comisión» (Marcos 16:15-18).

¿Cómo será posible cumplir el mandamiento del Señor sin tener su autoridad? Sería totalmente imposible y cualquiera que lo intente será un fracaso en su empresa, vergüenza a la Iglesia y un charlatán.

Términos para definir la unción

En hebreo, se describe el término *unción* con varias palabras:
- Balal: que significa inundar o rebosar (especialmente con aceite).
- Dashen: que significa estar gordo, satisfecho, ungir.
- Mimshach: que se refiere a untar con aceite.
- Mashaj: que se refiere a consagrar untando con aceite, ungir.

En griego, hay varios términos también:
- Aleifo: untar perfume.
- Encrio: cubrir con aceite; primeramente, frotando y, luego, embarrando.
- Crio: untar con aceite para consagrar al servicio.

El Diccionario de la Lengua Española define el término de la siguiente manera:
- Unción: devoción, recogimiento, sentimiento profundo (hablar con unción).

- Ungido: persona que ha sido signada con el óleo santo (el ungido del Señor).
- Ungir: frotar con aceite u otra materia grasa, signar a una persona con óleo sagrado.

¿Qué es la unción?

Entonces, la unción de Dios para nosotros significaría:

- Balal: estar rebosando e inundados de la presencia del Espíritu Santo.
- Dashen: estar llenos y satisfechos con Él.
- Mashaj: saber consagrada o separada nuestra vida para el servicio al Rey.
- Aleifo: estar perfumados con su presencia.
- Encio: estar tan llenos del Espíritu, que por doquier se nos toque, el poder de Dios sea manifestado. Esto le sucedió al apóstol Pedro cuando hasta su sombra traía sanidad a los enfermos (Hechos 5:12-16).

Tres verdades sobre la unción

1. La unción es la Presencia y el Poder de Dios Manifestado: Hay una gran diferencia entre la Omnipresencia de Dios y la Presencia

de Dios. El Señor está en todo lugar, pero no manifiesta o exhibe su poder en todo lugar.

2. La unción es el equipo sobrenatural necesario para hacer la obra de Dios: Esta no puede lograrse con herramientas humanas o carnales. Se necesita la intervención del Espíritu de Dios a través de vasos útiles para lograr su cumplimiento. Recordemos que lo que hacemos es dar continuación al ministerio que Cristo comenzó en la tierra.

3. La unción es el manto o la vestidura de Dios en nosotros: Sin ella, nos encontraremos desnudos ante la Presencia de Dios. Esto le sucedió a Adán en el huerto de Edén. ¡Qué triste y vergonzoso es atrevernos a venir ante la presencia del Rey sin vestiduras apropiadas! Aun así, hay muchos creyentes que quieren entrar al Trono de Dios totalmente desnudos y sin darse cuenta de su propia vergüenza.

La tragedia existente en el mundo cristiano que ha recibido la experiencia carismática es que muchas personas han sido atraídas por el Espíritu Santo a la libertad de la alabanza. Experimentan el gozo, la gloria y la libertad del Espíritu Santo se empapan con el gozo de esta experiencia y se detienen ahí en esa bendición, sin saber que Dios tiene mucho más para ellos. Las personas muy raramente continúan la experiencia espiritual y la búsqueda de Dios. No utilizan esta experiencia como una vía para penetrar con ella en el mundo espiritual y así ser testigos eficaces. Hemos fracasado en sobrepasar el límite de las bendiciones para alcanzar la promesa de Jesús.

Además, nos hemos detenido en las bendiciones y no hemos luchado por alcanzar el poder y la autoridad que Dios desea entregarnos para que hagamos su obra. Muchos reciben muchas bendiciones emocionales, pero Jesús no dijo que recibiríamos bendiciones, Él dijo: «Recibiréis poder».

Nos detenemos en las lenguas, en las bendiciones, en el principio de una relación de gozo con el Espíritu Santo; allí, nos detenemos y muy pocos pasamos a ser impartidos de poder. Otros reciben poderosas bendiciones, pero no alcanzan lo necesario para echar fuera demonios, sanar a los enfermos y libertar al cautivo. Sin embargo, este es el trabajo que Cristo nos encomendó hacer.

¡Cuántos pastores y ministros he conocido que se han llenado de soberbia espiritual! Ellos no les permiten a sus congregaciones madurar y crecer en experiencia y conocimiento de las verdades espirituales que llevan al creyente a una vida victoriosa en Cristo. Tratan de manipular, controlar y monopolizar las demostraciones de poder como si la unción de Dios fuese exclusiva para sus ministerios, su congregación u organización religiosa. Con razón encontramos tantas iglesias deficientes y carentes de la autoridad que Cristo prometió a los suyos. La Iglesia necesita aprender que el poder para sanar al enfermo, libertar al cautivo, levantar al caído y hacer que los demonios huyan a la simple mención del nombre excelso de Jesús, es la dote que Dios les ha entregado a todos sus hijos.

Cuando la Iglesia es empoderada con la unción del Señor, puede vivir como «Linaje Escogido, Real Sacerdocio, Nación Santa y Pueblo Adquirido por Dios» (1 Pedro 2:9). Si vivimos como lo que somos ante la presencia del Rey, entonces podremos ser verdaderos y eficaces testigos de Jesucristo. Otros optan por no continuar la búsqueda del poder de Dios o su unción porque las «bendiciones materiales» fácilmente se identifican con nuestras emociones. Especialmente, en Estados Unidos de América donde el materialismo es la regla del momento. La misma Iglesia se ha contaminado con este espíritu feroz y destructor. Podremos preguntarnos: ¿Cómo es posible que si Dios es quien me bendice con algo, esto se convierta en piedra de tropiezo a mi vida? ¿No dice la Biblia que todo don perfecto proviene de Dios?

Aunque las bendiciones de Dios para nosotros son buenas y diseñadas para embellecer y mejorar nuestra vida, Dios nos ha hecho administradores de estas. Si no administramos correcta y apropiadamente la bendición de Dios en nuestra vida, puede convertirse en maldición para nosotros y los nuestros. Además, debemos recordar que las bendiciones de Dios son espirituales y no materiales. (Efesios 1:3-4). Por cuanto las leyes espirituales transcienden las leyes materiales y dominan sobre ellas, lo espiritual afecta lo material. Cuando recibimos algo material que consideramos como «bendición» (casa nueva, un carro, un empleo, etc.) este es el resultado directo de leyes espirituales tomando efecto en nuestra realidad material y obrando para nuestro bienestar.

Es por esta razón que no podemos detenernos en el punto de las bendiciones, sino continuar en búsqueda del verdadero poder de Dios en nuestras vidas, familias, congregaciones, ciudad, nación y el mundo entero. Este último debe verse afectado con el poder transformador de Jesucristo.

Morris Cerullo, en su libro, *Proof Producers* (*Productores de Pruebas*), explica: «Para poner en práctica las obras de Dios, no podemos detenernos en el punto de las bendiciones; debemos penetrar en el reino mismo del poder de Dios. La Iglesia no ha comenzado a experimentar completamente lo que Dios tiene para nosotros. Hemos limitado a un Dios ilimitado. La razón básica es que no vemos a nuestro Padre Celestial como lo que en realidad es. El Dios que nosotros servimos es un Dios que no conoce límites».

Lo que nosotros buscamos y creemos que Dios hará por nosotros no es simplemente darnos experiencias emocionales, sino producir un despertamiento en el mundo espiritual que revolucione completamente el ministerio de la Iglesia.

4

NIVEL DE EXPERIENCIA EN EL QUE SE ENCUENTRA LA IGLESIA

CUANDO PASTOREABA en el estado de Alaska, un domingo, casi a las 10:00 de la noche, el padre de una joven tocó a mi puerta. Al abrir, reconocí al hermano. Él había visitado nuestro templo, pero pertenecía a otra congregación. Me indicó que tenía un grave problema con una de sus hijas. Ella estaba siendo atormentada, de acuerdo con su testimonio, por dos demonios grandes. Me preguntó si yo estaba preparado para ayudarlo a esa hora de la noche. Le pregunté que dónde se encontraba su hija y me contestó que estaba en la iglesia donde asistía. El problema era que desde las 7:00 pm, el demonio había tomado posesión de ella, y los ministros y ancianos de la iglesia no habían podido hacer nada al respecto. Entonces, decidí ayudarlo.

De camino al templo, el Espíritu Santo me instruía a que le pidiera discernimiento al Padre, lo cual me estuvo raro, pero obedecí la voz de Dios. Sentía en esos momentos una autoridad increíble y estaba seguro de que Dios liberaría a esa joven. Cuando llegamos al templo, encontré un caos en la oficina del pastor. La joven estaba tendida en el suelo dando unos gritos horrendos y torciendo su cuerpo de una manera sobrenatural. Quise intervenir inmediatamente, pero el Espíritu de Dios me indicó que esperara unos minutos y observara lo que estaba sucediendo.

Después de unos minutos, mis ojos espirituales fueron abiertos y pude ver por qué había ese desorden. Los ancianos le gritaban al demonio: «Te ordenamos, en el nombre de Jesús, que salgas de esta joven». Los demonios obedecían y salían de ella. Inmediatamente, otro ministro gritaba: «¡Dinos!, ¿cómo te llamas?». El demonio regresaba una vez más al cuerpo de la joven para contestar la pregunta. Estos queridos hermanos no comprendían la autoridad y la unción que el creyente posee.

Dios me recordó que los espíritus inmundos están obligados a obedecer nuestras órdenes cuando estamos investidos del poder de Dios. En esos momentos, me vino a la memoria la experiencia que había tenido en la iglesia de Gary, Indiana. Le pedí al pastor, quien no me conocía, que me permitiera intentar liberar a la joven.

Me arrodillé al lado de ella y, dirigiéndome al espíritu inmundo con voz de autoridad, pero sin gritar, ordené: «Espíritu inmundo, te ordeno en el nombre de Jesús que calles en estos momentos». La joven dejó de gritar y de retorcerse, abrió sus ojos y me preguntó despavorida: «¿Qué está sucediendo?».

En esos momentos, le expliqué lo que sucedía y le pregunté si deseaba ser libre totalmente de ese ataque. Contestó que sí lo deseaba. La ayudé a hacer la oración del pecador arrepentido, pidiéndole a Jesús que fuera su Salvador personal. Después de haber orado con ella, le dije que en esos momentos yo iba a ordenarle al espíritu demoníaco que saliera de ella y no regresara más. Me dijo que estaba bien y que continuara. Una vez más, me dirigí al espíritu inmundo diciéndole: «Espíritu demoníaco, en estos momentos te ordeno, en el nombre de Jesucristo, que salgas de esta niña y no regreses más. Ahora ella le pertenece a Dios». El demonio dio un grito estremecedor al salir de la joven. La levanté del suelo y la entregué a sus padres.

Los ministros y ancianos de la congregación estaban atónitos por lo que habían presenciado y me preguntaron: «¿Por qué nosotros no pudimos?» Mi contestación fue: «No es nuestra labor establecer conversación y comunicarnos con los demonios. Nuestra labor es dar la orden y echarlos fuera». Esta joven luego se convirtió en una líder de alabanza en una gran iglesia de otro estado.

No creo que el creyente pueda ser poseído por espíritus inmundos. Esta creencia que algunos tienen es totalmente contraria a lo que la Palabra de Dios nos enseña: «¿No saben que ustedes son templo de Dios y que el Espíritu de Dios habita en ustedes?», nos dice la Palabra en 1 Corintios 3:16. Y añade: «¿Acaso no saben que su cuerpo es templo del Espíritu Santo, quien está en ustedes y al que han recibido de parte de Dios? Ustedes no son sus propios dueños» (1 Corintios 6:19). Por otro lado, en 2 Corintios 6: 14-16, se nos advierte: «No formen yunta con los incrédulos. ¿Qué tienen en común la justicia y la maldad? ¿O que comunión puede tener la luz con la oscuridad? ¿Qué armonía tiene Cristo con el diablo? ¿Qué tiene en común un creyente con un incrédulo? ¿En qué concuerdan el templo de Dios y los ídolos? Porque nosotros somos templo del Dios viviente. Como él ha dicho: Viviré con ellos y y caminaré entre ellos. Yo seré su Dios, y ellos serán mi pueblo».

Algunos piensan que la unción se demuestra con gritos, gestos, alto volumen de la música y la pérdida del control emocional. He presenciado muchísimos cultos religiosos desde mi niñez en los que, si los hermanos no entran en un éxtasis emocional de gritos y danza descontrolada, se piensa que Dios no estuvo presente y el culto no estuvo ungido. Por demasiado tiempo, la Iglesia se ha conformado con las bendiciones y no ha luchado por penetrar al mundo del poder y la unción de Dios. ¡Cuántas veces los creyentes vienen a los templos gimiendo, llorando y mendigando por las bendiciones de Dios! Estamos corriendo tras las bendiciones cuando debemos estar buscando a Dios, el dador de ellas. Las bendiciones llegarán como resultado de la unción y no la unción como resultado de la bendición.

Una calurosa tarde, cuando yo era niño, viviendo todavía en Puerto Rico, llegó un evangelista reconocido a nuestra iglesia con el propósito de «impartir el Espíritu Santo» a quienes no lo habían recibido. Era la creencia de que, si la persona no hablaba en lenguas, no había recibido al Espíritu Santo. El hablar en lenguas también debía ser acompañado con danzar desmedidamente. Nunca se enseñaba en la iglesia sobre la necesidad del don de interpretación de lenguas y otros dones eran reservados para «personas especiales».

El evangelista nos instruyó a cerrar nuestros ojos y a empezar a repetir rápidamente y en voz alta el término «séllame». Me parecía ridículo, pero obedecí al igual que el resto de la congregación. Él comenzó a orar persona por persona para que fueran «bautizados» con el Espíritu Santo. Después de uno repetir la misma palabra decenas de veces, obviamente la lengua se traba. En esos momentos, el evangelista declaraba que la persona había sido investida del poder o la unción. ¡Qué grave error! Esta campaña causó en nuestra iglesia una serie de cultos electrificados de emociones.

No vi a nadie ser salvo, sanado o libertado de los yugos del pecado, pero fue titulado como el mejor avivamiento en nuestra pequeña congregación. Al término de dos semanas, el fuego del avivamiento se había apagado y se continuó con la misma rutina de siempre. Muchos de los jóvenes que habían sido impactados durante esos días, terminaron saliéndose de la iglesia y dejando de servir al Señor. Guillermo Maldonado, en su libro *La Unción Santa*, declara lo siguiente: «Sin la unción, no puede haber resultados en nuestra vida espiritual».

Nos olvidamos de que la razón por la cual Dios le imparte de su poder al creyente es para que sea un testigo eficaz. El mayor evento que ocurrió el día de Pentecostés no fue que los ciento veinte hablaran en lenguas. El evento mayor fue que cuando Pedro terminó su primera predicación, tres mil personas fueron impactadas con el Evangelio y recibieron a Jesús como Salvador (Hechos 2:41).

Los primeros creyentes entendían muy bien por qué habían sido llenos de la unción de Dios. La Biblia dice en Hechos 2:47 que «el Señor añadía cada día a la iglesia los que habían de ser salvos». Esta es la medida que se debe utilizar para determinar cuándo una iglesia está en avivamiento, no los gritos, saltos, música, etc.

5
¿POR QUÉ ES NECESARIA LA UNCIÓN?

LARRY & JANNET VanCleef han sido mis escuderos por varios años. Ellos han sido muy responsables con su posición espiritual en mi vida. Una noche, después de haber predicado un mensaje sobre la unción, vinieron a mi hogar con una pregunta sencilla: «Ithiel, ¿qué te detiene de vivir en el ámbito sobrenatural?». Esta pregunta me ha llevado a una búsqueda casi insaciable de la unción prometida a los hijos del Rey. Además, esta pregunta levanta otra: ¿Por qué y para qué necesito la unción de Dios?

En estos tiempos modernos donde la sicología, la psiquiatría y la medicina han tenido tantos avances, aparentemente no hay necesidad de la intervención divina en la vida de personas atadas por el enemigo. En muchos púlpitos modernos, el término *unción* es desconocido. La consejería y la psicoterapia han ocupado el lugar de la oración intercesora y el ayuno. Cuando una persona llega a nuestros templos atormentado por el demonio o físicamente destruido por la enfermedad, se hace muy fácil enviarles o hacer una cita con el médico. No estoy en contra de la medicina moderna porque creo firmemente que ella también es otorgada por Dios para el bienestar de los seres humanos. No obstante, a la Ilgesia se le encomendó el ministerio de sanidad a los enfermos y liberación a los cautivos comenzado por el Señor Jesucristo. ¿Por qué no aceptamos esta verdad?

La Palabra dice: «Id por todo el mundo y predicad el evangelio a toda criatura. Y estas señales seguirán a los que creen: En mi nombre echarán fuera demonios; hablarán nuevas lenguas, tomarán en las manos serpientes, y si bebieren cosa mortífera, no les hará daño; sobre los enfermos pondrán sus manos, y sanarán» (Marcos 16:15, 17). Este pasaje bíblico explica por qué necesitamos urgentemente la unción de Dios. Si deseamos cumplir con la encomienda del Señor, la predicación del Evangelio debe estar acompañada de las señales que Jesús hizo y cosas aún mayores de las que Él hizo (Juan 14:12). Esta es la única razón por la cual la Iglesia existe: la predicación con demostración. Sin limitar lo que Dios hará en su vida, existen en el capítulo ocho

La unción: Sed llenos del poder de Dios 67

de Romanos, ocho cambios que ocurrirán una vez la unción de Dios venga sobre nosotros:

1. **Somos libres de la ley del pecado:** «Por tanto, ya no hay ninguna condenación para los que están unidos a Cristo Jesús, pues por medio de él la ley del Espíritu de vida me ha liberado de la ley del pecado y de la muerte (Romanos 8:1-2, NVI)». Quizás tú como muchos otros han luchado en alguna área de tu vida en la que tal parece que no has podido vencer. La Biblia nos enseña que no seremos libres de la ley del pecado hasta que no sigamos las direcciones del Espíritu Santo. El libro de Judas, verso seis, nos enseña que las tinieblas son el lugar o la habitación legal donde Satanás puede operar. Entonces, debemos erradicar de nuestra vida toda tiniebla y dar paso a la luz de Cristo. ¡Con razón Satanás no quiere que seamos ungidos con el poder del Espíritu Santo!
2. **La justicia entra naturalmente a nuestra vida:** «En efecto, la ley no pudo librarnos porque la naturaleza pecaminosa anuló su poder. Por eso, Dios envió a su propio Hijo en condición semejante a nuestra condición de pecadores para que se ofreciera en sacrificio por el pecado. Así condeno Dios l pecado en la

Naturaleza humana, a fin de que las justas demandas de la ley se cumplieran en nosotros, que no vivimos según la naturaleza pecaminosa sino según el Espíritu» (Romanos 8: 3-4, NVI). Esto sucede cuando aprendemos a «caminar en el Espíritu». En nuestro ser existen dos oficinas principales: la mente y el corazón. Satanás está interesado en tu mente para hacerte esclavo de las leyes de su reino tenebroso. Dios está interesado en reinar en tu corazón para hacerte libre. El reino satánico está basado en esclavitud. El Reino de Dios está fundamentado en la libertad. Esta abarca la libertad del pecado y los lazos del enemigo. También, podemos ser libres de los engaños del corazón si permitimos que Cristo se convierta en nuestro Rey y que establezca su trono en Él. ¡Con razón Satanás no quiere que seamos ungidos con el poder del Espíritu Santo!

3. **Nuestra mentalidad cambia:** «Los que viven conforme a la naturaleza pecaminosa fijan la mente en los deseos de tal naturaleza; en cambio, los que viven conforme al Espíritu fijan la mente en los deseos del Espíritu». Seremos libres de fijar nuestra mente en las cosas carnales. Maduraremos a fijar nuestros pensamientos en las

cosas espirituales. La renovación de nuestro entendimiento debe ser una acción diaria. (Romanos 8:5; Romanos 12:1-2; Filipenses 4:7-8, NVI). ¡Con razón Satanás no quiere que seamos ungidos con el poder del Espíritu Santo!

4. Encontramos perfecta paz: «La mentalidad pecaminosa es muerte, mientras que la mentalidad que proviene del Espíritu es vida y paz» (Romanos 8:6, NVI). Pablo enseñó que ocuparse de las cosas espirituales produce paz a nuestro ser. Esta es la paz que Jesús prometió. Alguien dijo: «Paz no es la ausencia de guerra, más bien, la presencia de Dios». ¡Con razón Satanás no quiere que seamos ungidos con el poder del Espíritu Santo!

5. Somos totalmente sanados: «Y si el Espíritu de aquel que levantó a Jesús de entre los muertos vive en ustedes, el mismo que levantó a Cristo de entre los muertos también dará vida a sus cuerpos mortales por medio de su Espíritu, que vive en ustedes» (Romanos 8:11, NVI). ¿Cómo podemos impartir sanidad a otro -ya sea física, mental, emocional o espiritual-, si nosotros somos atormentados por la enfermedad? Debemos ministrar la gracia de Dios a otros desde el punto de nuestra sanidad. Muchos ministran basándose en sus dolores, angustias, fracasos, heridas y enfermedades. Estos no pueden ministrar libertad, vida y salvación. En el momento preciso en el que el poder de Dios viene sobre nosotros, somos sanados e inyectados de la vida victoriosa del Espíritu de Dios. ¡Con razón Satanás no quiere que seamos ungidos con el poder del Espíritu Santo!

6. Morimos totalmente al «yo» y recibimos vida completa en Dios: «Por tanto, hermanos, tenemos una obligación, pero no es la de vivir conforme a la naturaleza pecaminosa. Porque si ustedes viven conforme a ella, morirán; pero si por medio del Espíritu dan muerte a los malos hábitos del cuerpo, vivirán» (Romanos 8:12-13, NVI). En 1 Corintios 15:31, el apóstol Pablo nos enseña que debemos morir diariamente. No podemos permitir que el «yo» o el «ego» controle nuestras acciones, especialmente en lo relacionado con la Iglesia. Esto nos lleva a confundir lo que Dios desea para su pueblo y nos esclaviza más a nuestras emociones. Dios desea llevarnos más allá de una experiencia emocional. Él desea que experimentemos su poder genuino. ¡Con razón Satanás no quiere que seamos ungidos con el poder del Espíritu Santo!

7. Tendremos intimidad con el Padre: «Y ustedes no recibieron un espíritu que de nuevo los esclavice al miedo, sino el Espíritu que los adopta como hijos y les permite clamar: ¡Abba! ¡Padre! El Espíritu mismo le asegura a nuestro espíritu que somos hijos de Dios» (Romanos 8:15-16, NVI). ¡Qué mucho necesitamos de esto! Ser hijos de Dios implica una estrecha relación con Él, implica ser familia del Todopoderoso. Lo más importante para un padre de familia es el bienestar de sus hijos. ¡Con razón Satanás no quiere que seamos ungidos con el poder del Espíritu Santo!

8. Tendremos intimidad con el Padre: «Y ustedes no recibieron un espíritu que de nuevo los esclavice al miedo, sino el Espíritu que los adopta como hijos y les permite clamar: ¡Abba! ¡Padre! El Espíritu mismo le asegura a nuestro espíritu que somos hijos de Dios» (Romanos 8:15-16, NVI). ¡Qué mucho necesitamos de esto! Ser hijos de Dios implica una estrecha relación con Él, implica ser familia del Todopoderoso. Lo más importante para un padre de familia es el bienestar de sus hijos. ¡Con razón Satanás no quiere que seamos ungidos con el poder del Espíritu Santo!

6

¿QUIÉN PUEDE RECIBIR LA UNCIÓN?

TODAVÍA HOY resuena en mis oídos la pregunta: «Ithiel, ¿qué te detiene de vivir en el ámbito sobrenatural?». Uno de los grandes milagros de Dios es la forma en la que Él toma a los hombres y mujeres débiles, de doble ánimo, fracasados y los transforma en fuentes de dinámicos ministerios. Pedro era un hombre común, un pescador sin estudios, lleno de faltas y fracasos. Él era fluctuante, inestable, voluntarioso e inconstante, como muchos de nosotros. Sin embargo, cuando Pedro se apoderó del poder de Dios y el poder de Dios se apoderó de él, recibió tal autoridad espiritual que llevó a miles de personas a su Reino.

Hoy, Dios sigue buscando discípulos que tomen este mundo y lo volteen de cabeza. Si lo que observamos en nuestras iglesias es todo lo que Dios tiene para nosotros, el mundo está en triste condición. Creo firmemente que todavía no hemos visto un gran porcentaje de lo que Dios dará a la Iglesia y que no hemos visto la forma como se manifestará en la vida de sus verdaderos discípulos antes de que Jesucristo regrese por su Iglesia. ¡Cuántas veces hemos expresado frustración, desaliento o nos hemos quedado sin deseos de continuar hacia delante en el ministerio! Le expresamos a Dios nuestros fracasos y defectos, esperando que Él se lamente por nuestra condición. ¿Cuántas veces hemos codiciado ser como uno de los grandes héroes de la Biblia? Quizás como el Padre de la fe, Abraham; como el gran libertador, Moisés; como el rey David, entre otros.

Notemos detenidamente las vidas de estos grandes héroes. Abraham, aunque es reconocido como el «Padre de la fe», era mentiroso (Génesis 20). Moisés fue conocido por el prestigioso título de «Gran caudillo y libertador del pueblo de Dios». En sus características positivas, vemos que era humilde, manso y tuvo la increíble oportunidad de conocer a Dios personalmente de tal modo que su rostro brillaba por la gloria de Dios. No obstante, fue desobediente y, por esta razón, no le fue permitido entrar en la tierra prometida después de vagar tantos años por el desierto. David poseía un título que ningún otro ser humano ha logrado alcanzar: «El hombre conforme al corazón de Dios». Sin embargo, cometió adulterio y fue homicida.

En la Biblia se encuentran muchísimos otros ejemplos que pudiéramos utilizar. Ninguno de ellos debe ser utilizado como crítica a estos grandes hombres de Dios, más bien, aquí encontramos una gran enseñanza. Estos grandes hombres hicieron proezas, pero no fueron hechas por ellos mismos, sino por causa de la gracia de Dios. Ellos fueron sencillos, personas ordinarias, tenían faltas, errores y defectos; pero todos ellos sobresalieron por lo que Dios hizo en ellos y por medio de ellos. Todos no pueden ser un Abraham, Moisés, David... En realidad, no podemos ser nadie más que nosotros mismos, pero podemos ser vasos llenos del Espíritu Santo, transformados y poderosos, sin importar quiénes seamos. Dios nos necesita. Dios te necesita, necesita un solo tú. Desear ser otra persona es un insulto a la soberanía de Dios. Nunca podrás ser más de lo que Dios ha hecho de ti. Mírate como un «individuo», como una persona con características y talentos especiales. Eres importante y eres de gran utilidad al Reino de Dios, tal como É te hizo.

Recuerdo que cuando yo era joven, el gran evangelista Yiye Avila (Puerto Rico) estaba en todo su apogeo ministerial. Se había creado en su ministerio el famoso «Escuadrón Cristo Viene Pronto». Este equipo de hombres y mujeres creyentes había sido escogido para ayudar en el ministerio. En la pequeña isla, durante esos años, ser parte de este escuadrón era algo prestigioso. Grandes y numerosos milagros, salvaciones y liberaciones acontecían diariamente.

El hermano Yiye tenía una forma muy peculiar de hablar y ciertos gestos al predicar. Debido a la gran demanda y a la popularidad del evangelista, se hacía imposible que él cubriera todas las campañas y cultos, los cuales eran de decenas de millares de personas. El hermano Yiye decidió empezar a utilizar en sus campañas a algunos de los miembros de su escuadrón. Era algo interesante, y hasta cierto punto gracioso ver que los miembros del escuadrón utilizaban la misma forma peculiar y gestos del famoso predicador. Aparentemente, habían perdido su propia identidad queriendo imitar a su mentor.

En Hebreos 13:7 se nos dice: «Acordaos de vuestros pastores, que os hablaron la palabra de

Dios; considerad cuál haya sido el resultado de su conducta, e imitad su fe». Debemos imitar la fe de los antiguos, nuestros antepasados, nuestros héroes de la fe y nuestros pastores, una vez hayamos considerado concienzudamente el resultado de su conducta, sin perder nuestra identidad. Esta identidad personal ha sido diseñada por el Creador para beneficio del mundo en el que vivimos. El profeta Isaías enseña: «Oídme, costas, y escuchad pueblos lejanos, Jehová me llamó desde el vientre, desde las entrañas de mi madre tuvo mi nombre en memoria» (Isaías 49:1).

En nuestras manos se encuentra el futuro de la obra de Dios. Una de las necesidades mayores en el cuerpo del Señor es que comprendamos lo que realmente significa y abarca ser «ministro». Todo aquel que invoca el nombre de Jesucristo es un ministro o siervo: «Y (Jesús) nos hizo reyes y sacerdotes para Dios...» (Apocalipsis 1:6). Todos somos sus ministros y todos hemos sido ordenados para llevar el Evangelio a toda criatura. No olvidemos jamás que el ministerio del Señor se encuentra en lo que llamamos *el Cuerpo de Cristo*: «Y él mismo constituyó a unos, apóstoles; a otros, profetas; a otros evangelistas; a otros pastores y maestros» (Efesios 4:11). Todos los discípulos fueron como nosotros. Cada uno de nosotros ha experimentado las fuerzas negativas de la duda, del temor, de la debilidad espiritual, las emociones carnales y del fracaso. Cuando tomamos la Biblia para leerla, nos olvidamos de que los grandes héroes que conquistaron reinos, que les taparon la boca a los leones, que se hicieron fuertes en batallas, que evitaron el filo de la espada, que apagaron fuegos impetuosos, etc., fueron iguales a nosotros (Hebreos 11). Ellos también experimentaron fracasos, defectos, debilidades, dudas, problemas, batallas y sufrieron las mismas tentaciones que nosotros sufrimos.

Morris Cerullo, en su libro *The New Anointing* (*La Unción Nueva*) dice: «Debemos dar gracias a Dios por la gran realidad de que cuando él mira al hombre, no ve lo que el hombre es, sino lo que puede transformar al hombre». Eso que puede transformar al hombre común es la unción de Dios sobre las vidas arrepentidas, consagradas y dedicadas al servicio del Rey. Dios no depende del nivel de fe que tengamos ni de la espiritualidad que poseamos. No depende de lo que somos. Solo depende de lo que Él puede hacer con nosotros si estamos dispuestos a rendir nuestro ser y todo lo que somos. El Evangelio debe ser predicado en todo el mundo como señal y testimonio de que el fin vendrá.

Es a nosotros a quien ha sido encomendada la tarea, a hombres y mujeres ordinarios a quienes Dios desea revestir, saturar y fortalecer con su poder. Debemos, entonces, tener cuidado con nuestras emociones que son tan engañosas y nos pueden dirigir a caminos equivocados. Ellas nos hacen creer que estamos haciendo y logrando aquello que Dios ha diseñado exclusivamente para nosotros y hacen que desviemos nuestra visión de lo real a lo fantástico y espectacular.

La respuesta a la pregunta hecha por los hermanos VanCleef es: «Yo soy el único que puedo detener en mi vida el potencial que Dios ha diseñado para mí. Solo yo puedo detener la oportunidad de vivir en el ámbito sobrenatural».

7
TRES CLASIFICACIONES

EL APÓSTOL Pablo, guiado por el Espíritu Santo, ha dividido en tres grupos toda la familia humana:

- **Psuquikós** (griego): Es el hombre natural que se refiere al hombre no regenerado, es decir, no cambiado espiritualmente.

- **Sarquikós** (griego): El hombre carnal, que es aquel que es niño en Cristo y que anda como hombre natural.

- **Pneumatikós** (griego): El hombre espiritual, es decir, el hombre que ha sido renovado, que está lleno del Espíritu y anda en el Espíritu, en plena comunión con Dios.

Esta clasificación hecha por el apóstol fue formulada en conformidad con la capacidad del hombre para comprender y recibir la Palabra de Dios, es decir, las cosas que nos han sido reveladas por el Espíritu. Estas clasificaciones se encuentran detalladas en 1 Corintios 2:9-16:

- v. 9: Antes bien, como está escrito: Cosas que ojo no vio, ni oído oyó, ni han subido en corazón de hombre, son las que Dios ha preparado para los que le aman.
- v. 10 Pero Dios nos las reveló a nosotros por el Espíritu; porque el Espíritu todo lo escudriña, aun lo profundo de Dios.
- v. 11 Porque ¿quién de los hombres sabe las cosas del hombre, sino el espíritu del hombre que está en él? Así tampoco nadie conoció las cosas de Dios, sino el Espíritu de Dios.
- v. 12 Y nosotros no hemos recibido el espíritu del mundo, sino el Espíritu que proviene de Dios, para que sepamos lo que Dios nos ha concedido,
- v. 13 lo cual también hablamos, no con palabras enseñadas por sabiduría humana, sino con las que enseña el Espíritu, acomodando lo espiritual a lo espiritual.
- v. 14 Pero el hombre natural no percibe las cosas que son del Espíritu de Dios, porque para él son locura, y no las puede entender, porque se han de discernir espiritualmente.
- 15 En cambio, el espiritual juzga todas las cosas; pero él no es juzgado de nadie.

- v. 16 Porque ¿quién conoció la mente del Señor? ¿Quién le instruirá? Mas nosotros tenemos la mente de Cristo.

Y en 1 Corintios 3:4, la Palabra dice: «De manera que yo, hermanos, no pude hablaros como a espirituales, sino como a carnales, como a niños en Cristo. Os di a beber leche, y no vianda, porque aún no erais capaces, ni sois capaces todavía, porque aún sois carnales; pues habiendo entre vosotros celos, contiendas y disensiones, ¿no sois carnales y andáis como hombres (naturales)? Porque diciendo el uno; Yo ciertamente soy de Pablo; y el otro: Yo soy de Apolos, ¿no sois carnales?».

El Dr. Lewis Sperry Chafer, en su libro titulado *El Hombre Espiritual*, dice: «Desde el punto de vista del nuevo nacimiento y de la vida de poder y bendición, los hombres son vitalmente diferentes el uno del otro; pero su clasificación se manifiesta por la actitud que ellos asumen ante las cosas reveladas de Dios».

Dr. Ithiel Torres

El hombre natural Psuquikós

Pero el hombre natural no percibe las cosas que son del Espíritu de Dios, porque para él son locura, y no las puede entender, porque se han de discernir espiritualmente.

1 Corintios 2:14

Este pasaje es una declaración que manifiesta las limitaciones del hombre natural. Asimismo, revela la causa por la cual el hombre natural tiene estas limitaciones. En los versos anteriores dice que la revelación de las verdades de Dios es dada a través del Espíritu: «Cosas que ojo no vio, ni oído oyó, ni han subido al corazón del hombre, son las que Dios ha preparado para los que le aman» (1 Corintios 2:9). Por consiguiente, el hombre natural es completamente incapaz de entender estas cosas porque no ha recibido al Espíritu de Dios.

Los principios morales y muchas enseñanzas bíblicas están al alcance de la capacidad intelectual del hombre natural. De estas fuentes, puede predicar o enseñar con elocuencia, pero desgraciadamente, ni siquiera sabe que existen las cosas «profundas» de Dios. El hombre no salvo, por religioso y por instruido que sea en la sabiduría humana, es ciego en cuanto al contenido espiritual de las Escrituras. Esto es totalmente incomprensible para él (2 Corintios 4:3-4).

Con demasiada frecuencia se cree que el profesor o pastor que es erudito en alguna rama del conocimiento humano está igualmente capacitado para discernir las cosas espirituales en virtud de los conocimientos científicos que posee. Si a una persona intelectual que no ha reconocido a Jesús como su Salvador, se le pide escribir o definir un credo doctrinal, naturalmente formulará una nueva teología, pero la desarrollará de tal modo que la eficacia del sacrificio de Cristo en la cruz será pasada por alto.

La muerte de Cristo como sacrificio expiatorio por el pecado de la humanidad le es una locura. Sus limitaciones como hombre le impiden comprender los principios de fe más sencillos, pues estos se obtienen por medio de la revelación divina. Una persona no regenerada siempre será incapaz de recibir y conocer las verdades más sencillas de la revelación divina.

Dr. Ithiel Torres

La Biblia declara que aun Satanás tiene en sus sistemas que simulan la verdad, «cosas profundas» que revelar (Apocalipsis 2:24). El peligro es que muchos se extravían siguiendo estas llamadas revelaciones que tienen apariencia de piedad y santidad. Generalmente, el diablo utiliza la religión para infiltrar confusión, muerte y destrucción si fuese posible a los *escogidos*.

¡Cuántas veces en nuestras mismas congregaciones han llegado profecías falsas, escondidas bajo un aparente manto de unción! Estas profecías o directrices en lugar de levantar, animar, instruir y redargüir al pueblo de Dios producen confusión, heridas y acarrean muerte espiritual y emocional. Toda palabra profética debe ser puesta a dos pruebas. Primero, ¿está cien por ciento de acuerdo con la Palabra de Dios? En segundo lugar, ¿está de acuerdo con la visión y propósito que Dios ha diseñado para mi vida? Recordemos que Jesús llamó a Satanás «padre de mentira» (Juan 8:44). A estas enseñanzas, la Palabra de Dios les llama, «enseñanzas de demonios» (1 Timoteo 4:1-2).

Siendo muy joven, cierto día caminando de la escuela a mi casa, en Puerto Rico, se me acercó una mujer y me dijo: «Joven, si me permite, yo le puedo leer su suerte. Le puedo decir su pasado, su presente y su futuro». Habiendo sido criado en el Evangelio e instruido por mi madre desde pequeño, no caí en la trampa que el diablo quería tenderme. Le contesté a esta mujer, quizás con un poco de arrogancia: «Señora, déjeme decirle que conozco muy bien mi pasado, el presente lo estoy viviendo, mi futuro está en las manos de Dios y ahí está muy seguro». Entonces, continué mi camino como si nada hubiera sucedido.

Satanás utiliza artimañas como estas para desviarnos del camino que Dios ha trazado para nuestras vidas desde antes de nuestra formación en el vientre de nuestra madre. En Isaías 49:1 dice: «Jehová me llamó desde el vientre desde las entrañas de mi madre, tuvo mi nombre en memoria». El hombre carnal, debido a su estado pecaminoso y a su ceguera espiritual, no entiende estas acechanzas que el enemigo con mucha destreza utiliza para mantener en cautividad al ser humano. Para él, son naturales y parte de la vida cotidiana. Debido al vacío espiritual del hombre natural, él tratará de llenar su vida con distracciones y subtítulos a lo que es real y eterno.

8

E HOMBRE CARNAL Y LA UNCIÓN

EN MIS funciones ministeriales dentro del campo misionero, varios años atrás, estaba a cargo de supervisar varias iglesias en México que recibían ayuda financiera del departamento de misiones de nuestra iglesia en la ciudad de Yuma, Arizona. Una de estas congregaciones me provocó ciertas inquietudes debido a que se encontraban en medio de la construcción de un templo con una capacidad de sobre 200 personas. Ya se habían levantado las paredes, pero no tenía techo, piso, ventanas ni puertas, entre otras cosas.

Un día, platicando con el pastor de esa congregación, sabiendo yo que constaba de solo unos seis miembros, (el pastor, su esposa, dos hijas pequeñas y dos ancianas de sobre sesenta años), le pregunté por qué construían un templo tan enorme. Su contestación fue la siguiente: «Hace diez años, un profeta llegó aquí y nos dijo que construyéramos este gran templo porque Dios había dicho que Él llenaría su casa».

Por los pasados diez años, habían utilizado los recursos de otras congregaciones en los Estados Unidos de América tratando de levantar un templo y no lo habían podido terminar. Esto lo que provoca es vergüenza al pueblo de Dios y crea falta de confianza en la obra en medio de los inconversos. Los recursos financieros pudieron haberse utilizado para la propagación del Evangelio en una forma efectiva dentro de esa misma comunidad. ¡Cuán fácil es decir: «Así ha dicho Jehová» y traer falsas directrices y esperanzas si no hay alguien que tenga discernimiento y ponga a prueba la palabra dicha»!

El hombre carnal Sarquikós

El apóstol Pablo continúa en 1 Corintios 3: 1-3, con la descripción del hombre carnal: «De manera que yo, hermanos, no pude hablaros como a espirituales, sino como a carnales como a niños en Cristo. Os di a beber leche, y no vianda; porque aún no erais capaces, ni sois capaces todavía, porque aún sois carnales; pues habiendo entre vosotros celos, contiendas y disensiones, ¿no sois carnales y andáis como hombres (naturales)?». Así es que algunos creyentes se llaman carnales porque solo pueden recibir la leche de la palabra en contraste con el manjar sólido. Estos se han entregado a celos, contiendas y divisiones, y andan como hombres no regenerados. Ellos dependen de lo que sienten o ven y se les hace difícil ejercitar la fe para que los milagros sucedan.

En su libro, *El Hombre Espiritual*, el Dr. Lewis Sperry Chafer expone: «El hombre carnal, o sea, el niño en Cristo no es capaz de entender las cosas profundas de Dios. Él no es más que un niño; pero aun eso, es importante notar, es una altura de posición y realidad con la que no se puede comparar la incapacidad total del hombre natural. El hombre carnal, debido a que está tan poco ocupado con el verdadero manjar espiritual, se rinde a la envidia y a las contiendas, que producen divisiones entre los mismos creyentes».

La carnalidad nos impide poder obrar en la vida del Espíritu bajo su unción, poder y autoridad. Nos mantiene ciegos y faltos para comprender la voz de Dios. Esto es lo que había sucedido en la iglesia en México, hombres carnales tratando de hablar cosas espirituales y hombres carnales tratando de cumplir una misión espiritual con herramientas carnales. Una de las cosas que le cuestioné al pastor de la iglesia fue: «Si Dios le ha llamado a pastorear; ¿dónde están las ovejas?». Me parece que esto es obvio: si Dios nos llama a pastorear, tiene que haber ovejas en el redil; si nos llama a ser maestro, debe haber estudiantes en el aula; si es a evangelizar, entonces, busque a los perdidos.

Dios no nos llamará para llevar a cabo una tarea simplemente para darnos un título. Dios nos llama para cumplir una misión específica con una visión clara y definida. Es vergonzoso para el Evangelio que tantas congregaciones hayan comenzado por un desacuerdo entre un pastor y un grupo de feligreses. Estas congregaciones pasan años tratando de crecer; sin embargo, se les hace una tarea muy difícil, sino imposible. Cuando una obra comienza en la carne, a menos que surja un verdadero arrepentimiento y una sincera búsqueda de la dirección divina, tal obra fracasará. La matemática de Dios es la multiplicación, nunca la división.

En el Estado de Arizona, hay una hermosa congregación pastoreada por un excelente hombre y una gran mujer de Dios. Esta iglesia se creó a partir de la división de otra congregación en la ciudad. La división fue un ejemplo exacto de lo que el apóstol Pablo dijo en su carta a los Corintios: contiendas y disensiones. El líder que escogieron como pastor en poco tiempo cayó en pecado y tal parecía que la nueva congregación dejaría de existir. Esta iglesia comenzó a buscar un nuevo pastor y, finalmente, encontraron a una pareja dedicada al servicio de Dios que estaba dispuesta a pastorearlos.

Lo más que me impresionó de este hombre fue que su primera acción pastoral fue visitar al pastor de la iglesia de donde su nueva congregación había salido y le dijo: «Pastor, yo vengo a su oficina para pedirle perdón a usted y a su congregación por el dolor que mi congregación le haya causado». Este varón de Dios conoce que cuando operamos en la carne, como niños en Cristo, el producto de nuestros esfuerzos será muy por debajo del potencial. Hoy, se ha convertido en una iglesia creciente y llena de vida.

La carnalidad es un estorbo al fluir natural de la unción de Dios en nuestras vidas y congregaciones. El cristiano carnal se caracteriza por su andar al mismo nivel del andar del hombre:

Dr. Ithiel Torres

«¿No sois carnales y andáis como hombres (naturales)?» (1 Corintios 3:3). Los propósitos y los afectos del hombre carnal están centrados en la misma esfera no espiritual del hombre natural. Dice el Dr. Lewis Sperry Chafer: «El cristiano carnal no está en la carne, pero tiene la carne en él».

Hablando sobre esto, el apóstol Pablo dice: «Aunque vivimos en el mundo (la carne), no libramos batallas como lo hace el mundo (la carne.) Las armas con que luchamos no son del mundo (la carne), sino que tienen el poder divino para derribar fortalezas» (2 Corintios 10:3-4, NVI).

Al hombre carnal se le hace difícil operar con armas espirituales debido a que no comprende el poder de ellas. El que vive en la carne es inestable en sus negocios espirituales. Se le hace más fácil acudir a las emociones que siempre están a su disposición para cumplir con sus deseos y caprichos que esperar pacientemente en el poder y la unción divina. El Dr. Roger Barrier explica: «La fe se basa en una palabra de Dios. La fe no es pensar positivo. Tampoco un gran brinco a lo desconocido. No es creer algo con tanta fuerza que lo hacemos realizarse o que Dios debe hacer lo que nosotros creemos que pasará. La fe descansa en los hechos de la Palabra de Dios y nunca debe descansar en las emociones ni en los sentimientos».

El hombre carnal no puede comprender esta gran verdad porque está obrando con armas carnales y emocionales. Sin sus emociones, se siente totalmente desarmado y expuesto. Sus emociones se convierten en su castillo y escudo en lugar de confiar en Jehová. Por eso, viven despavoridos y llenos de temores. No pueden ver en sus vidas la victoria en contra del maligno porque no han puesto al Altísimo como su habitación (Salmos 91).

El hombre carnal también se ve obligado a utilizar métodos parecidos a los utilizados por los profetas de Baal cuando su dios no les respondía: saltaban, gritaban, invocaban, oraban, elevaban sus emociones hasta el punto del frenesí y se sacrificaban (1 Reyes 18:26-29). Cualquier don utilizado o destacado desproporcionadamente conduce a toda clase de abusos. En creyentes carnales, encontramos algunas características de desórdenes de personalidad: Desorden de

Personalidad Histriónica y de Personalidad Narcisista. Estas pueden verse en algunos líderes religiosos que exhiben rebelión o agresividad pasiva. El problema es que generalmente niegan tener esta clase de tendencias y saben ocultarlas muy bien. Esto es lo que enseña el libro de sicología *Diagnostic And Statistical Manual Of Mental Disorders* (Fourth Edition, DSM IV) en relación con estos desórdenes. Veámoslos con mayor detenimiento:

Desorden de Personalidad Histriónica

Es un patrón excesivo de emocionalismo y búsqueda de atención que comienza en la adultez temprana y presente en una variedad de contextos indicados por cinco o más de los siguientes:

- Se siente incómodo en situaciones donde no es el centro de atención.
- La interacción con otros a veces es caracterizada por actitudes sexuales inapropiadas.
- Desplaza rápidamente cambios de emociones.
- Consistentemente utiliza la apariencia física para atraer atención a sí mismo.

- Tiene un estilo de hablar que es excesivamente impresionista, pero con falta de detalles.
- Demuestra autodramatización y exageradas expresiones de emociones.
- Es sugestivo, muy fácil influenciado por otros o por circunstancias.
- Considera las relaciones ser más íntimas de lo que en verdad son.

Desorden de Personalidad Narcisista

Es un patrón de grandiosidad (en fantasía o actitudes), necesidad de admiración y falta de identificación. Comienza en la temprana adultez y presente en una variedad de contextos indicados por cinco o más de los siguientes:

- Tiene un sentido de grandiosidad y de autoimportancia por lo que tiene a exagerar logros y talentos, espera ser reconocido como superior sin logros proporcionados.
- Se preocupa con fantasías de éxitos sin límites, poder, brillantez, hermosura o amor ideal.
- Cree que es «especial», único y que puede ser entendido «solamente por» o que debe

asociarse «solo con» otras personas o instituciones «especiales».
- Requiere admiración excesiva.
- Cree que todo es su derecho, por lo que suele tener expectativas irrazonables de un tratamiento favorablemente especial o que sus expectativas tienen que cumplirse automáticamente.
- Es interpersonalmente explosivo, por lo que toma ventaja de otros para adquirir su propio fin o meta.
- Falta de identificación, es decir, no está dispuesto a reconocer o a identificarse con los sentimientos y las necesidades de los demás.
- Siente envidia por otros o piensa que los demás lo envidian a él o ella.
- Demuestra arrogancia y actitudes altivas.

Hay muchos otros desórdenes de personalidad que pudiéramos mencionar, pero este escrito no tiene el propósito de estudiar problemas psicológicos.

Otro problema que encontramos en iglesias que se levantan bajo líderes carnales y emocionales es que su programa se caracteriza por las exageraciones y el sensacionalismo. Esto atrae de inmediato a muchas personas, pero luego, cuando no hay más espectáculo, pierden el entusiasmo y regresan al pecado. Conozco muchas iglesias de esta índole y son muy fáciles de encontrar. Estas congregaciones se distinguen por su forma entusiasta, especialmente en la música.

La predicación y la enseñanza de la Palabra de Dios ocupan un segundo lugar. Para poder mantener cierto número en la feligresía, tienden a convertirse en manipuladores y optan por el legalismo o el polo opuesto, el libertinaje. He escuchado comentarios como este, que marca también una iglesia carnal: «El culto estuvo tan bueno que no se pudo predicar».

Una vez fui invitado a predicar a un servicio de una pequeña iglesia en Paterson, New Jersey, que celebraba una campaña de jóvenes. El servicio comenzó una hora más tarde de lo indicado. Cuando por fin comenzó, el equipo de alabanza se extendió más de una hora cantando. Hubo mucho ruido, gritos, danza y aparentemente todos estaban muy alegres. Cuando llegó la hora de la predicación, era obvio que los hermanos estaban cansados, algunos niños comenzaban a cabecear del sueño y los jóvenes no mostraban interés en lo que se estaba predicando. Yo estaba indignado por la falta de cortesía y, al terminar el servicio, a altas horas de la noche, les expresé al pastor y al líder de jóvenes su falta de ética y consideración. Jamás fui invitado otra vez a predicar a esa congregación.

El «legalismo» es otra forma de demostración de carnalidad, ya que el legalista se preocupa más por las apariencias exteriores que por la obra transformadora y restauradora del Espíritu Santo que mora en el creyente. Una iglesia legalista no entiende lo que es el poder de la gracia de Dios. Utilizan todo tipo de regulaciones, leyes, reglamentos, dogmas, doctrinas de hombres -entre otros artilugios- para manipular a las personas que están sedientas de ser liberadas del yugo de esclavitud, pero no pueden. Es muy cierto que necesitamos mantener un testimonio recto y limpio delante de los hombres para atraerlos a la belleza del Evangelio, pero...

Nuestro testimonio no es lo que yo hago para vivir piadosamente, sino lo que Cristo ha hecho por mí y en mí para la gloria del Padre. El legalismo exalta al hombre, congregación o secta religiosa. La obra del Espíritu Santo levanta el nombre de Cristo y la obra de Cristo exalta al Padre. El libertinaje es otra indicación de carnalidad en la iglesia. Es mucho más que lo que algunos han llamado «iglesias liberales» o que con despecho otros les han llamado «iglesias de la gracia».

El libertinaje es un abuso y depravación de la gracia de Dios. En iglesias libertinas no hay distinción entre el hombre natural y los creyentes. El mundo, el pecado y la lujuria continúan siendo el estilo de vida de los congregantes. En esta clase de congregaciones, el poder transformador y restaurador de Jesucristo se ha neutralizado e intercambiado por diversos ingredientes y costumbres fuera del sacrificio vicario de Cristo en la cruz y su sangre derramada para el perdón de nuestros pecados. ¡Qué desastre!

Los creyentes carnales conocen más del mundo que de las cosas de Dios porque su mente está todavía atada a las cosas materiales y lo espiritual toma un segundo lugar. Recuerde la iglesia en Yuma, Arizona, donde hice el estudio. Aquellos hermanos no conocían las Escrituras, pero sí tenían buen conocimiento del *soccer* y otras cosas perecederas. El apóstol Pablo escribió a los romanos: «Los que viven conforme a la naturaleza pecaminosa (la carne) fijan su mente en los deseos de tal naturaleza» (Romanos 8:5).

Estos creyentes toman las sanidades, milagros, liberaciones y salvaciones como oportunidad de jactancia y tienen la tendencia de comercializar el Evangelio. La comercialización del Evangelio ha llevado a muchos a la desgracia de perder totalmente la visión que Dios les confió al comienzo de sus ministerios. La comercialización también lleva al individuo al abuso de los dones del Espíritu. La comercialización del Evangelio es una demostración de falta de fe en el llamado de «Jehová Jireh» (El Señor es mi proveedor).

Algunos años atrás, en la ciudad de Chicago, Illinois, vivía un gran predicador de origen ruso. Su ministerio era reconocido por el don de ciencia o conocimiento. Grandes multitudes se reunían a escucharlo y a ver la forma como Dios usaba a este poderoso varón. En sus servicios era usual que, en medio de la predicación, Dios comenzara a revelarle nombres de personas presentes en el auditorio y sus condiciones físicas y espirituales. Su ministerio creció gigantescamente y las demandas de presentaciones, campañas y servicios aumentaron de una manera inesperada por él y los que lo ayudaban en el ministerio.

Debido a la fama y la necesidad financiera para mantener el ministerio, este hombre comenzó a utilizar medios electrónicos para que sus ayudantes y su esposa, quienes habían sido muy bien entrenados, le susurraran al oído los nombres y condiciones de las personas. Un reportero secular descubrió el engaño y lo delató a las autoridades y a la prensa. El evangelista quedó en vergüenza, y perdió su prestigio y el respeto de la comunidad.

Esto sucede cuando dejamos de confiar cien por ciento en Dios y en su capacidad para obrar y operar milagros. Cuando la persona es guiada por la carne, quita su vista de Dios y la pone en sí mismo. El rey Saúl fue un gran ejemplo de esto. Después de haber sido ungido por Dios y ser reconocido como su profeta (1 Samuel 10), decidió dejarse llevar por sus instintos y deseos carnales que lo llevaron a la ruina. No solo perdió su reinado, sino que destruyó el factor de confianza con el Todopoderoso. La historia nos enseña que Saúl fue desechado por Dios (1 Samuel 13).

9
EL PRECIO DE LA UNCIÓN

HAY PODER en la presencia del Espíritu Santo. El Espíritu Santo está interesado en todos los aspectos de tu vida. Él no divide las cosas entre espirituales y seculares. Él quiere y en realidad está involucrado en todo. Existe el poder de la unción. Si deseamos la presencia de Dios, entonces, debemos perder la vista de nosotros mismos y ganar la de Dios.

Hay un precio que pagar: serle fiel, tener cuidado con el poder de la unción y no mal utilizarla. Debemos ser fieles con lo que Dios nos ha suplido. El factor de la confianza es muy importante. Preguntémonos: ¿Puede Dios confiar en mí? La presencia del Espíritu Santo nos guía a vivir en el poder de la unción si estamos dispuestos a pagar el precio de la obediencia. Dios nos advierte en 1 Samuel 15:23: «La rebeldía es tan grave como la adivinación; y la arrogancia como el pecado de la idolatría» (NVI). La desobediencia es una forma de demostrar rebelión abierta y desmedidamente. No nos atrevemos a darnos a la adivinación, la cual es un método de adoración a Satanás; pero nos atrevemos a desobedecer los más sencillos mandamientos de Dios. No creemos en arrodillarnos y rendir culto a esfinges, estatuas de santos o dioses paganos; pero nos atrevemos a demostrar orgullo, jactancia, soberbia y arrogancia en nuestras acciones y comportamiento. Si queremos ser investidos del poder, de la autoridad y unción de Dios, debemos convertirnos en hijos obedientes a los mandatos divinos.

En su libro *Autoridad Espiritual*, Watchman Nee manifiesta: «Tan solo la obediencia honra completamente a Dios, pues solamente ella toma a Dios como centro». Muchos quieren ser personas ungidas por Dios, pero no están dispuestos a ser obedientes y sumisos a los mandatos divinos. La sumisión nos lleva a un acto que, por lo general, encontramos doloroso y difícil de alcanzar: la muerte al «yo». Nee continúa explicando: «Para que se manifieste la autoridad, debe haber sumisión. Si hay sumisión, es necesario excluir el yo, pero según nuestro yo, la sumisión no es posible. Esta clase de vida es solo posible cuando vivimos en el Espíritu y esta vida en el Espíritu es la suprema expresión de la voluntad de Dios». Guillermo Maldonado, en su libro *La Unción Santa*, escribe: «Recuerde que no podremos lograr grandes resultados en nuestros ministerios, sino es por la unción del Espíritu Santo. Esta unción no se obtiene automáticamente, sino que es el producto de un proceso mediante el cual Dios nos lleva a negarnos a nosotros mismos para que podamos desarrollar el carácter de Cristo. En este proceso, Él utiliza métodos que a veces resultan incomprensibles, pero que son sus propios diseños trazados para que podamos avanzar a otras dimensiones en donde manifestará su mover sobrenatural desde otra perspectiva».

El libro de Hechos 4:13 (NVI), nos enseña una poderosa llave: «Los gobernantes, al ver la osadía con que hablaban Pedro y Juan, y al darse cuenta de que eran gente sin estudios ni preparación, quedaron asombrados y reconocieron que habían estado con Jesús». ¡Dediquemos tiempo a Jesús! Mientras más tiempo estemos en su presencia, menos «yo» habrá y más de Él existirá. Algunos nunca encontrarán el poder de la unción porque están muy enfocados en ellos mismos y no han tomado tiempo para estar con Él. Por eso es por lo que, muchas veces, nos encontramos mendigando algún favor a Dios cuando debiéramos estar sentados a la mesa del Rey de Gloria participando de los manjares preparados para sus hijos.

Los discípulos de Jesús, aunque no tenían muchos estudios o preparación, tenían un arma poderosa: ¡Sus experiencias personales e íntimas con el Maestro! Nosotros también debemos buscar alcanzar esa intimidad con Él. ¿Cómo hacerlo? Veamos...

Tres etapas en la búsqueda de la unción

Dios, Dios mío eres tú; De madrugada te buscaré; mi alma tiene sed de ti; mi carne te anhela, en tierra seca y árida donde no hay aguas, para ver tu poder y tu gloria.

Salmos 63: 1-2

Con mi alma te he deseado en la noche, y en tanto que me dure el espíritu dentro de mí, madrugaré a buscarte.

Isaías 26:9

En el Salmo 63, queda evidenciado que David había experimentado un poco del poder y la gloria de Dios (unción). Él anhelaba más, pero... ¿Cómo alcanzarlo? David declara que su «carne anhelaba» a Dios y que su «alma tenía sed»; mientras tanto, Isaías expresaba que con su «espíritu buscaría» a Dios (Isaías 26:9). Así es que encontramos estos tres factores: 1) a la carne anhelando a Dios, 2) el alma sedienta de Dios y 3) el espíritu buscando a Dios.

Cuando estudiamos el Tabernáculo, aprendemos que el Atrio representa la carne; el Lugar Santo, el alma; y el Lugar Santísimo, el espíritu. El anhelo nos lleva al Atrio donde nos identificamos con el sacrificio. Jesús tomó, no solo el lugar de machos cabríos, sino que ocupó el lugar que nos correspondía por nuestra maldad. Pablo señala: «Por cuanto todos pecaron, están destituidos de la gloria de Dios» (Romanos 3:23). La sed nos entra al Lugar Santo donde comenzamos a tener comunión con Él. Es ahí donde podemos ser alimentados con el pan de vida y donde somos alumbrados con la luz de su Espíritu.

Es en este Lugar Santo donde las tinieblas pierden autoridad sobre nuestras vidas y empezamos a darnos cuenta de quiénes somos ante los ojos de nuestro Rey. La búsqueda nos introduce al Lugar Santísimo. Es en este lugar donde la presencia y la gloria de Dios lo cubre todo, donde somos revestidos con la naturaleza divina (2 Pedro 1:3-4). Aquí, ya no nos encontramos desnudos como en el huerto del Edén. ¡Estamos cubiertos o vestidos con la misma gloria de Dios!

Anhelo

Mientras anhelamos a Dios, lo buscamos en oración, que es el lugar donde Dios comienza a obrar y a crucificar la carne. Démonos cuenta de que, mientras más tiempo estemos sobre nuestras rodillas, menos permanece la carne. La muerte del «yo» dará comienzo en nuestras rodillas. Este es un asunto diario. El progreso no llega una vez para siempre. En 1 Corintios 15:31, el apóstol Pablo dice: «Cada día muero». Siempre habrá lucha y oposición cuando entramos en esta clase de oración. La presencia de Dios y su unción no vienen a nosotros hoy porque morimos hace veinte años.

Sed

En algún momento, llegamos a estar sedientos de Dios. Su alma experimentará la ansiedad causada por la sed. Uno de los peligros del desierto es que, si no se toma suficiente agua, el cuerpo se deshidrata y puede causar la muerte. La deshidratación es una experiencia terrible debido a que ciertos órganos dejan de funcionar correctamente por falta de agua. La mente empieza a proyectar ilusiones y a no pensar coherentemente.

El individuo pierde el sentido de dirección y, por último, el deseo o voluntad de marchar hacia delante. En el desierto de Arizona donde yo viví por once años, anualmente se encuentran cadáveres de gente indocumentada que han tratado de entrar al país cruzando el desierto. La causa general de la muerte de estos pobres infelices es la deshidratación.

El salmista David se expresa de la siguiente manera en el Salmo 42:1-2: «Como el ciervo brama por las corrientes de las aguas, así clama por ti, oh Dios el alma mía. Mi alma tiene sed de Dios, del Dios vivo. ¿Cuándo vendré, y me delante de Dios?». La imaginación de David es perfecta. El ciervo busca agua por dos razones. Primero, porque tiene sed; y, segundo, porque es perseguido por otro animal. Él sabe que su pista u olor se perderá si entra al agua. ¡Estará a salvo! Así también sucede con nosotros los creyentes. Estamos sedientos de la presencia de Dios porque Él satisface la sed de nuestra alma y porque el enemigo, cuando estamos en el río de la presencia de Dios, no nos puede tocar ni encontrar. David expresa en el Salmo 32:7: «Tú eres mi refugio (escondite)».

Así es que, cuando encontramos el agua que nuestra alma deseaba, la alabanza hará erupción. Sabemos que nos encontramos en el Lugar Santo donde la alabanza es genuina porque: «Dios habita en medio de la alabanza de su pueblo» (Salmos 22:3).

El poder y la gloria de Dios

En el Salmo 63:2, David habla de querer ver «El poder y la gloria de Dios». Estos se alcanzan en la tercera etapa del precio, pues la búsqueda y la muerte del ego deben ocurrir antes de alcanzar la unción; y esta, a su vez, se encuentra en el Lugar

Santísimo, símbolo del espíritu. En este lugar, no decimos ni hacemos nada. ¡Recibimos! Es aquí donde encontramos perfecta paz porque sabemos que estamos totalmente seguros.

El Señor Jesucristo nos dio un ejemplo de este estado cuando le dice a Felipe, su discípulo: «¿Tanto tiempo hace que estoy con vosotros, y no me has conocido, Felipe? El que me ha visto a mí, ha visto al Padre; ¿cómo pues dices tú: Muéstranos al Padre?» (Juan 14:9). Si somos «templo del Espíritu Santo», podemos decir: «Jesús y yo somos uno»; pues la Palabra dice: «El que se une al Señor un espíritu es con él» (1 Corintios 6:17).

En el Atrio, mi **boca habla** con Dios. En el Lugar Santo, mi **alma habla** con Dios. En el Lugar Santísimo, mi **espíritu habla** con Dios. Es aquí donde el «orar sin cesar» nace, es donde nos complacemos en la gloria de Dios. No deseamos, no estamos sedientos; ¡estamos bebiendo! No estamos interesados en lo que Dios puede hacer por nosotros, sino en conocerlo. Aquellos que experimentan esto, son los hijos en los que Dios puede confiar su unción. Dios no la confiará a aquellos que no lo aman ni tampoco lo ponen a Él confiará a aquellos que no lo aman ni tampoco lo ponen a Él primero. Mientras más tiempo pasemos en la presencia de Dios, más se nos transmitirá su presencia.

10

EL HOMBRE ESPIRITUAL Y LA UNCIÓN

EL DR. LEWIS Sperry Chafer, en su libro *El Hombre Espiritual*, describe al creyente espiritual de la siguiente manera: «Un creyente es hombre espiritual cuando demuestra que tiene la capacidad para recibir y conocer la revelación divina». En el primer libro a los Corintios, en el que el apóstol Pablo describe las tres clasificaciones de seres humanos, notamos el orden progresivo del contexto:

Primero, la revelación divina ha sido dada. Dicha revelación concierne a las cosas «que ojo no vio, ni oído oyó, y que jamás entraron en pensamiento humano». Estas cosas son reveladas por el Espíritu (1 Corintios 2: 9, 10). En segundo lugar, la revelación es de «las cosas profundas de Dios» que ningún hombre puede conocer por sí mismo. No obstante, el Espíritu las conoce (1 Corintios 2:10). Tercero, los creyentes han recibido al Espíritu de Dios quien conoce estas cosas para que ellos también puedan conocer «las cosas profundas de Dios» (1 Corintios 2:12).

Cuarto, la sabiduría divina está escondida en la Palabra de Dios, pero el contenido espiritual de su Palabra se entiende solo cuando uno es capaz de explicar las cosas espirituales con las espirituales (1 Corintios 2:13).

En quinto lugar, «el hombre natural» no puede recibir las cosas del Espíritu de Dios porque le son insensatez ni las puede comprender porque ellas se disciernen únicamente por el Espíritu. El hombre natural no ha recibido al Espíritu de Dios (1 Corintios 2:14).

En sexto lugar, el creyente carnal es nacido de nuevo y el Espíritu reside en él, pero su carnalidad le impide la plenitud o la unción del Espíritu Santo (1 Corintios 3: 1-4).

En séptimo lugar, «el hombre espiritual» discierne todas las cosas. No hay limitación para él en lo que concierne a las cosas de Dios. Puede recibir la revelación de Dios. Él discierne todas las cosas, sin embargo, él mismo no es entendido por nadie. No puede ser de otro modo debido a que posee «la mente de Cristo». Señala el Dr. Chafer: «El hombre espiritual es el ideal divino en la vida y en el ministerio, en el poder con Dios y con los hombres, en comunión ininterrumpida y en bendición».

No creo que los cristianos puedan ser poseídos por el demonio, pero ciertamente pueden ser espiritualmente neutralizados. Entre las herramientas del diablo están la mentira (Juan 8:32-44), el enojo (Efesios 4:26-27), un espíritu no perdonador (2 Corintios 2:10-11), el pecado (Efesios 2: 1-2; 1 Juan 3:8-10), las acusaciones (Apocalipsis 12:10), la tentación (1 Corintios 7:5), el contacto con el ocultismo (Deuteronomio 18:10-13) y el abuso de sustancias (Gálatas 5:20-21). Debemos mantenernos alertas a las estrategias que el enemigo utiliza para interrumpir o crear inercia en nuestra comunicación y comunión con el Espíritu de Dios. El creyente que es descuidado puede abrir puertas al ataque del enemigo.

Dios le ha entregado a cada cristiano las herramientas necesarias para la victoria completa sobre cualquier ataque satánico. Jesús dijo: «No os regocijéis de que los espíritus se os sujetan, sino regocijaos de que vuestros nombres están escritos de que los espíritus se os sujetan, sino regocijaos de que vuestros nombres están escritos en los cielos» (Lucas 10:20). El darnos cuenta de la verdad de nuestra identidad en Cristo y actuar de acuerdo con ella es liberador. Cualquier creyente que sabe utilizar las herramientas que la unción provee y que son reveladas en las Escrituras puede repeler cualquier ataque del enemigo.

Por eso, el apóstol Santiago nos amonesta: «Someteos, pues, a Dios; resistid al diablo, y huirá de vosotros» (Santiago 4:7). Esta es una fórmula sencilla, pero poderosa. El hombre espiritual reconoce estas dos verdades. Primero, que «someterse a Dios» trata con la carne y la naturaleza pecaminosa. Santiago nos hace la siguiente invitación: si hay algún asunto descontrolado, confiéselo y busque ayuda, rinda conscientemente el asunto a Dios y considérese muerto a ese pecado de acuerdo con como la enseñanza de Romanos 6.

En segundo lugar, que «resistir al diablo» trata la dimensión espiritual. Aquí se nos invita a renunciar a las fuerzas que nos atacan y a pedir al Espíritu Santo que nos permita optar por la libertad.

La oración del hombre espiritual incluye pedir un ambiente protector de acuerdo con el Salmo 91, el cual nos insta a que «hagamos nuestra habitación y refugio en el Señor» (Salmos 91:1, 9, 10). Además, que amemos a Dios con todo el corazón (Salmos 91:14) y que siempre reconozcamos el nombre de Dios (Salmos 91:14).

El hombre espiritual no deja nada al descubierto para que sea presa del enemigo. Él entiende que debe mantenerse siempre bajo la sombra del Omnipotente y por eso su mayor deseo es habitar bajo al abrigo del Altísimo (Salmos 91:1). El hombre espiritual sabe mantenerse escondido en Cristo y en Dios (Colosenses 3:3). ¡El hombre espiritual, no solo confía en Dios, sino que Dios confía en él!

11
¿QUÉ HACER CON LA UNCIÓN?

Id por todo el mundo y predicad el evangelio a toda criatura.

Marcos 16:15

PREDICAR EL Evangelio a toda criatura fue la tarea que Cristo le dejó a la Iglesia. Hoy, nosotros sus discípulos, tenemos esa misma comisión. Para poder cumplir con esta tarea, debemos contestar esta pregunta clave: ¿Qué significa predicar el Evangelio? El Diccionario de la Real Academia Española (DRAE) explica que la palabra *prédica* se refiere al «sermón de un ministro no católico, a platica, conferencia y sermón vehemente».

Además, indica que la palabra *predicación* alude a la «acción de predicar, doctrina que se predica o enseñanza que se da con ella». *Predicador* es el que predica, orador sagrado o sacerdote». Y, por último, *predicar* es «publicar, manifestar una cosa, pronunciar un sermón, alabar mucho a uno, reprender, amonestar y regañar».

Dr. Ithiel Torres

En una escuela de ministerio que conducía en Guatemala, le pregunté a más de cien pastores y líderes religiosos lo que significaba para ellos *predicar el Evangelio*. Alguien dijo: «Es explicar la palabra de Dios con denuedo». Otro añadió: «Es hablar de lo que Dios hace, comprobándolo con las Escrituras». Aun otro dijo: «Es dar testimonio de la verdad, que es Jesucristo». Un líder joven con una sonrisa tímida dijo: «Cuando el pastor habla la Palabra de Dios y se agita mucho al poner énfasis en lo que dice, a esto se le llama predicar». Un pastor explicó: «Predicar es enseñar a la gente a obedecer las santas y sagradas doctrinas que la Biblia enseña para que sean salvos del infierno».

Es interesante escuchar lo que la gente piensa sobre lo que es predicar el Evangelio. Si le preguntáramos a una congregación carismática o con la experiencia pentecostal, la respuesta será generalmente que la predicación tiene que ver con excitación, emoción y algo espectacular. Si le preguntamos a una congregación más litúrgica y conservadora, su respuesta tendrá que ver con solemnidad, quietud y meditación. Propongo esta explicación sobre este tema: *predicar el Evangelio* es producir evidencias y pruebas de que Jesús es

Dios desde la fundación del mundo. No otro dios ni un profeta ni un gran hombre, sino el único y verdadero Dios del universo y todo lo creado. Así lo atestigua la Palabra: «En el principio era el Verbo, y el Verbo era con Dios, y el Verbo era Dios. Este era en el principio con Dios. Todas las cosas por él fueron hechas, y sin él nada de lo que ha sido hecho, fue hecho. En él estaba la vida, y la vida era la luz de los hombres» (Juan 1: 1-4). Es el Hijo de Dios que vino al mundo con un propósito. Ese propósito fue derrotar las obras del diablo, según las Escrituras: «Para esto apareció el Hijo de Dios, para deshacer las obras del diablo» (1 Juan 3: 8).

Dio su vida voluntariamente por la humanidad, nadie se la quitó y otorgó la redención del hombre a través del derramamiento de su sangre. Veámoslo: «Yo soy el buen pastor; el buen pastor, su vida da por las ovejas. Por eso me ama el Padre, porque yo pongo mi vida, para volverla a tomar. Nadie me la quita, sino que yo de mí mismo la pongo. Tengo poder para ponerla, y tengo poder para volverla a tomar. Este mandamiento recibí de mi padre» (Juan 10: 11, 17-18), pero Jesús resucitó. Él no es un dios como el de los paganos: «Mas el ángel, respondiendo, dijo a las mujeres:

No temáis vosotras; porque yo sé que buscáis a Jesús, el que fue crucificado. No está aquí, pues ha resucitado, como dijo. Venid, ved el lugar donde fue puesto el Señor, e id pronto y decid a sus discípulos que ha resucitado de los muertos, y he aquí va delante de vosotros a Galilea; allí le veréis» (Mateo 28: 5-7).

Hay varias aspectos necesarios para la predicación fructífera del Evangelio de Jesucristo. Primero, debemos permanecer fiel a la tarea. La palabra *fidelidad* se refiere a la exactitud en cumplir con los compromisos, constancia en el cariño, devoción, lealtad, apego. El mandamiento que Jesús dejó a sus discípulos fue ir y predicar. Esta es la misma tarea que nosotros, como discípulos suyos, tenemos. Debemos convencer al mundo de que el Jesús crucificado, es el Cristo resucitado, y que Él vive y puede suplir las necesidades de la humanidad.

Debemos tener exactitud al cumplir con el compromiso de predicar y debe hacerse con constancia, devoción y lealtad a Aquel que nos ha llamado. Nuestra tarea es predicar el Evangelio produciendo evidencias del poder del Resucitado. Una de las cualidades que el ministerio necesita es un espíritu de excelencia en lo que hacemos para nuestro Dios y no dejar las cosas a la deriva con la esperanza de que salgan bien.

En segundo lugar, debemos hacer discípulos en vez de convertidos. Una de las razones principales por la que no hemos conquistado este mundo es porque hemos ganado convertidos, pero no discípulos. Un convertido es una persona que cambia de una creencia a otra. Un discípulo, no solo ha cambiado su punto de vista, sino que es alguien que acciona, comparte y enseña a otro lo que ahora cree. Es alguien que ha aceptado la doctrina o enseñanza de otro y la difunde. Más que convertido, es un individuo convencido. Una persona convertida en discípulo de Jesucristo hace más que sentarse en la banca del templo.

Muchas personas son fieles a los servicios de domingo en su congregación, nunca faltan e, incluso, participan de diversas actividades; pero no se han hecho discípulos del Maestro, por tanto, sus vidas no llegan a la madurez espiritual esperada. Es triste el hecho de que muchos ministerios están más preocupados por el número de feligreses que por el crecimiento en el conocimiento del Señor. ¿Estamos alcanzando la estatura de la medida de Cristo? Solamente siguiendo los pasos del Maestro lo lograremos.

En tercer lugar, debemos testificar eficazmente. Lo que nosotros hoy llamamos en nuestras congregaciones testificar de Cristo, no tiene el mismo significado que tenía en los días de los discípulos. *Testificar* no es que alguien tenga la osadía de preguntarle a otra persona si es salvo. Más bien, se trata de la habilidad que poseen los seguidores de Jesús de demostrar al mundo que Él es Dios. En la vida del apóstol Pedro, vemos esta gran ilustración. Cuando Pedro fue llevado ante los líderes religiosos para ser interrogado acerca de la sanidad del cojo, él dijo: «Varones israelitas, ¿por qué os maravilláis de esto? O ¿por qué ponéis los ojos en nosotros, como si por nuestro poder o piedad hubiésemos hecho andar a este? El Dios de Abraham, de Isaac, y de Jacob, el Dios de nuestros padres, ha glorificado a su Hijo Jesús a quien vosotros entregasteis y negasteis delante de Pilato, cuando este había resuelto ponerle en libertad» (Hechos 3:12-13). Cuando los discípulos llegaban a una aldea o ciudad, no hablaban solamente; hablar es fácil. Cualquier persona puede hablar con otra sobre alguien. Enfrentarse al poder del enemigo y producir pruebas contundentes de que

Jesús está vivo destruyendo así los planes del diablo es un asunto diferente.

En cuarto lugar, debemos ofrecer evidencias y producir pruebas. Veamos cómo actuaban los primeros creyentes:

- «No tengo plata ni oro –declaró Pedro–, pero de lo que tengo te doy. En el nombre de Jesucristo de Nazaret, ¡levántate y anda! Y tomándolo por la mano derecha, lo levantó. Al instante los pies y los tobillos del hombre cobraron fuerza. De un salto se puso en pie y comenzó a caminar. Luego entró con ellos en el templo con sus propios pies, saltando y alabando a Dios» (Hechos 3:6-8).

- «Al oír a Felipe y ver las señales milagrosas que realizaban, mucha gente se reunía y todos prestaban atención a su mensaje. De muchos endemoniados los espíritus malignos salían dando alaridos, y un gran número de paralíticos y cojos quedaban sanos. Y aquella ciudad se llenó de alegría» (Hechos 8: 6-8).

- «Eneas –le dijo Pedro– Jesucristo te sana. Levántate y tiende tu cama. Y al instante se levantó. Todos los que vivían en Lidia y en Sarón lo vieron y se convirtieron al Señor (Hechos 9:34, 35).

- «Pedro hizo que todos salieran del cuarto; luego se puso de rodillas y oró. Volviéndose hacia la muerta, dijo: Tabita, levántate. Ella abrió los ojos y, al ver a Pedro, se incorporó. Él, tomándola de la mano, la levantó. Luego llamó a los creyentes y a las viudas, a quienes la presentó viva. La noticia se difundió por todo Jope, y muchos creyeron en el Señor» (Hechos 9:40-42).

Cada vez que estos hombres de Dios eran usados de esta manera, testificaban al pueblo de que todas estas señales venían como resultado de tener fe en el nombre de Jesús. Después de realizar milagros, los discípulos hablaban de Jesús. ¿Por qué nosotros no seguimos el mismo patrón? ¿Por qué necesitamos agitar a los congregantes antes de sanar a los enfermos o libertar al cautivo? ¿Cuál es la necesidad de crear un espectáculo?

Usted y yo servimos a un Dios de milagros. Aquellos hombres hicieron lo que Dios les había encomendado y esto es exactamente lo que nosotros debemos hacer. Nuestra única tarea es obedecer a Dios.

Dios nos envió a poner las manos sobre los enfermos con la promesa de que Él los sanaría. Cuando elevamos una oración de fe, hagámoslo con un corazón que se atreve a creer que lo que Dios ha dicho se cumplirá. Nosotros no somos quienes haremos el milagro. No creer en la omnipotencia de Dios es dudar que Él es fiel a su palabra y pone en juicio la veracidad de sus promesas cuando la Palabra a lo que nos manda: «¿Está alguno entre vosotros afligido? Haga oración. ¿Está alguno alegre? Cante alabanzas. ¿Está alguno enfermo entre vosotros? Llame a los ancianos de la iglesia, y oren por él, ungiéndole con aceite en el nombre del Señor. Y la oración de fe salvará al enfermo, y el Señor lo levantará; y si hubiere cometido pecados, le serán perdonados» (Santiago 5:14-15).

El Padre envió a su Hijo con un propósito que a veces se nos escapa: «Para esto apareció el Hijo de Dios, para deshacer las obras del diablo» (1 Juan 3:8). Jesús, al resucitar, no se llevó la autoridad que su Padre había depositado en Él, dejándonos sin poder alguno. Él no dijo: «Id a Jerusalén y quedaos allí hasta que seáis investidos de mucha alegría y gozo emocional». Jesús nos entregó su autoridad a nosotros como sus ministros y colaboradores en la obra de Dios. Él dijo: «Como me envió el Padre, así también yo os envío» (Juan 20:21) y «He aquí os doy potestad de hollar serpientes y escorpiones, y sobre toda fuerza del enemigo, y nada os hará daño» (Lucas 10:19).

Cuando Jesús vino al mundo, vino como Hijo de Dios, con unción, poder y autoridad. ¿Cree que Dios enviaría a su Hijo a enfrentarse al enemigo sin darle poder? Entonces, si nosotros tenemos la misma tarea que Jesús les encomendó a los apóstoles de predicar el Evangelio, ¿nos enviaría sin darnos su unción, poder y autoridad? Nosotros tenemos la misma autoridad y comisión, y el mismo Dios milagroso que tenían los discípulos. Debemos, pues, seguir el mismo ejemplo y método que Jesús nos dejó para mostrar evidencias y producir pruebas.

Esta es la autoridad que Jesús nos dejó: «Entonces llamando a sus doce discípulos les dio autoridad sobre los espíritus inmundos para que los echasen fuera, y para sanar toda enfermedad y toda dolencia» (Mateo 10:1). He aquí otras instrucciones que nos dejó el Señor: «Sanad enfermos, limpiad leprosos, resucitad muertos, echad fuera demonios; de gracia recibisteis, dad de gracia» (Mateo 10:8). Además, nos dejó estas armas poderosas: «Todo lo que atéis en la tierra, será atado en el cielo, y todo lo que desatéis en la tierra, será desatado en el cielo. Otra vez os digo que, si dos de vosotros se pusieren de acuerdo en la tierra acerca de cualquiera cosa que pidieren, les será hecho por mi Padre que está en los cielos» (Mateo 18:18-19).

Por causa de nuestros temores, dudas e inhibiciones espirituales, hemos pasado por alto nuestra posición en el Reino de Dios como discípulos y ministros suyos en este siglo. Usted y yo somos personas con autoridad, poder y unción. Dios nos ha dotado con esa unción, la cual el diablo no puede violar. Satanás está obligado a obedecer esta autoridad y poder, pues es la autoridad del Dios Todopoderoso.

Una verdad espiritual que se nos olvida es que, aunque el diablo constantemente viole las leyes de Dios y los hombres se rebelen diariamente contra Él, el Señor establecerá su reino en la tierra. Por cuanto Jesús estableció el fundamento de su reinado en la esfera de su propia obediencia a la voluntad de su Padre, así también la iglesia debe sujetarse a la obediencia de las directrices divinas a fin de que prospere en autoridad, poder y unción.

12
¿COMO HACERLO?

Y ellos saliendo, predicaron en todas partes, ayudándoles el Señor y confirmando la palabra con las señales que le seguían. Amén.

Marcos 16:20

LA RAZÓN del éxito de los discípulos es muy sencilla. A ellos les ayudaba el Señor y, donde el Señor está, no hay fracasos. Algunos tratan de interpretar este pasaje invertidamente: «Ellos ayudaban al Señor». Tratan de ministrar bajo esta premisa, pero el método efectivo y correcto es: «Ayudándonos el Señor». A los que buscamos la unción y creemos que Dios nos utiliza como canales de su poder, si entendiéramos esto completamente, revolucionaríamos nuestras vidas y ministerios.

Ahora te invito a leer y a analizar este pasaje bíblico:

«Entrando Jesús en Capernaum, vino a él un centurión, rogándole y diciendo: Señor, mi criado está postrado en casa, paralítico, gravemente atormentado. Y Jesús le dijo: Yo iré y le sanaré. Respondió el centurión y le dijo: Señor, no soy digno de que entres bajo mi techo; solamente di la palabra y mi criado sanará. Porque también yo soy hombre bajo autoridad, y tengo bajo mis ordenes soldados, y digo a este: Ve, y va; y al otro: Ven, y viene; y a mí siervo: Haz esto, y lo hace. Al oírlo Jesús, se maravilló, y dijo a los que le seguían: De cierto os digo, que ni aun en Israel he hallado tanta fe. Y os digo que vendrán muchos del oriente y del occidente, y se sentarán con Abraham e Isaac y Jacob en el reino de los cielos; mas los hijos del reino serán echados a las tinieblas de afuera; allí será el lloro y el crujir de dientes. Entonces Jesús dijo al centurión: Ve, y como creíste, te sea hecho. Y su criado fue sanado en aquella misma hora».

Mateo 8:5-13

La voluntad de Dios

Podemos decir dos cosas inequívocas acerca de la voluntad de Dios. Primero, que Jesucristo murió por los pecados de todo el mundo. Al morir en la cruz, nuestra redención fue adquirida y el precio de nuestras desobediencias y desvaríos fue totalmente pagado. Segundo, que las enfermedades no tienen autoridad ni parte en el Cuerpo de Cristo. La enfermedad es parte de una maldición. Llegó al ser humano por la desobediencia de Adán y como juicio pronunciado sobre el Jardín del Edén (Génesis 3:14-19). El plan original de Dios era que el hombre viviera eternamente en justicia y rectitud. El pecado, las enfermedades y la muerte, surgieron como resultado de la desobediencia del hombre.

La liberación del pecado, la sanidad del cuerpo y la vida eterna, llegaron a nosotros a través de la vida, muerte y resurrección de Jesucristo:

- «Pero el don no fue como la transgresión; porque si por la transgresión de aquel uno murieron los muchos, abundaron mucho más para los muchos la gracia y el don de Dios por la gracia y el don de un hombre, Jesucristo» (Romanos 5: 15).

- «Porque, así como por la desobediencia de un hombre los muchos fueron constituidos pecadores, así también por la obediencia de uno, los muchos serán constituidos justos» (Romanos 5: 19).

- «Porque, así como en Adán todos mueren, también en Cristo todos serán vivificados» (1 Corintios 15: 22).

- «Amado, yo deseo que tú seas prosperado en todas las cosas, y que tengas salud, así como prospera tu alma» (3 Juan 2).

Por estas razones, Jesús le contestó al centurión: «Yo iré». En Cristo obtenemos vida, salud y prosperidad. La maldición del pecado y la desobediencia ya no tienen poder o autoridad sobre el creyente que conoce su posición en el Señor y ha sido investido de la unción de Dios. Antes de que podamos demostrar el poder de Dios en nuestras vidas, debemos unir nuestra fe a la verdad de la Palabra de Dios manifestada en la persona de Jesús: «En el principio era el Verbo, y el Verbo era con Dios, y el Verbo era Dios» (Juan 1: 1).

Es interesante el vocablo utilizado en esta escritura, *el Verbo*. En la gramática, el verbo de una oración denota la acción del sujeto. Si Jesús es identificado como *el Verbo*, podemos decir entonces que Él es la acción de la divinidad. Por eso es por lo que Juan sigue escribiendo: «Todas las cosas por él fueron hechas, y sin él nada de lo que ha sido hecho, fue hecho» (Juan 1:2). Debemos, entonces, unir nuestra fe a esa gran verdad: Jesús es la acción de la divinidad y todo lo que ha sido formado o sucede es hecho por el mismo Jesucristo y no por nosotros.

Las personas que -al orar por sanidad o por la liberación de alguien atado por el enemigo- dicen: «Si es tu voluntad, Señor...», no han unido su fe a esta verdad. Esta persona vacila, titubea y claudica. El apóstol Santiago nos insta en su epístola: «Pero pida con fe, no dudando nada; porque el que duda es semejante a la onda del mar, que es arrastrada por el viento y echada de una parte a otra» (Santiago 1:6). Entonces, debemos orar con fe, creyendo: «Y todo lo que pidiereis en oración, creyendo, lo recibiréis» (Mateo 21:22). Morris Cerullo, en su libro *The New Anointing* (*La nueva unción*), afirma: «Oraremos con autoridad cuando sepamos y estemos seguros de lo que poseemos».

El Dios ilimitado

Este soldado comprendió una de las grandes verdades que Dios ha entregado al ministerio: el

Dios a quien nosotros servimos, no conoce limitaciones. Una de las primordiales razones por la cual el hombre limita al Dios ilimitable es porque no le vemos como Él es. El centurión vio a Jesús tal como Él es. Él dijo: «No tienes que venir a mi casa, solo di la palabra y mi criado sanará».

Predicamos, hablamos, testificamos y decimos que Dios es grande y no conoce limitaciones, pero tal parece que nuestro testimonio es solamente de labios y no lo hemos atesorado en nuestro corazón haciéndolo parte de nuestra realidad. Dios no hará más de lo que nosotros le permitamos hacer. Si en verdad queremos ver grandes milagros, sanidades, liberaciones y salvaciones, necesitamos romper las barreras y limitaciones que nuestras dudas, producidas por emociones de falta de confianza y temores, han puesto a Dios. Miremos más allá de la realidad natural para que podamos ver y participar de la gloria, el poder y la autoridad que encierra la unción de Dios.

Recuerdo cuando Dios me llamó al ministerio de evangelista y el temor que sentí. Este miedo me paralizaba y no me permitía entregarme completamente al ministerio. Mis recelos tenían

tenían sus raíces, precisamente, en la experiencia que tuve en la iglesia de Gary, en el estado de Indiana. Yo pensaba: «Y qué diré si predico una campaña de salvación y sanidad divina, y nadie se salva y no hay sanidades». Yo estaba muy preocupado por lo espectacular y mi propia reputación como ministro de una organización religiosa prestigiosa en Puerto Rico. Por mis temores, yo no le permitía a Dios hacer lo que Él deseaba y puede hacer.

Me costó muchos días de oración y ayuno para romper los límites que le había puesto a Dios y entregarme totalmente a su voluntad. Esto empezó a ser una verdad en mi vida cuando comprendí que mi Padre celestial desea lo mejor para sus hijos y que nunca los dejará en vergüenza. Hoy sé muy bien que ese tiempo de siete años en el cual me desempeñé en la obra como evangelista fue un entrenamiento más que Dios, en su amor, me brindó para prepararme mejor en lo que hoy, por su gracia, estoy haciendo: pastoreando una hermosa y poderosa iglesia en la ciudad de North Plainfield, New Jersey.

Dr. Ithiel Torres

Autoridad

Jesús hablaba y sucedían milagros. Nosotros, como Él, también podemos hablar y sucederán los mismos milagros, pues lo que Él dijo, nosotros también confiadamente podemos decirlo. He aquí un secreto y una llave espiritual: Jesús nunca oró por un enfermo, Él era un hombre bajo autoridad. Él habló la palabra. Usted no puede darle a alguien una responsabilidad sin entregarle autoridad para cumplirla. Jesús nos ha dado la responsabilidad de ser testigos suyos. También, nos ha dado la autoridad necesaria para cumplir con esa tarea. He aquí una ilustración que ayudará a entender este concepto....

En un pequeño pueblo en el estado de Pensylvania, ubicado al bajar una loma, hay una tienda. Este pequeño edificio es el mercado, el correo y la estación de gasolina del pueblo. Un día, repentinamente, un camión grandísimo bajó esa cuesta a una velocidad de 60 millas por hora, violando el límite de velocidad de 35 millas. Afuera de la tienda, portando un uniforme azul, se encontraba sentado un hombre. Ese hombre uniformado, sin vacilar por un solo momento, caminó y se detuvo en la calle, levantó su mano ordenándole al camión que detuviera su marcha. El camión se detuvo precipitadamente. Lo peculiar de todo es que el hombre uniformado que dio la orden al que manejaba el camión era un anciano de 70 años, con una estatura de 5' 5" y pesaba unas 140 libras. Él era el único policía del pueblo, un minero jubilado. A él se le había dado el cargo de vigilar la tienda y mantener el orden en el pueblo.

El anciano se acercó al camión y con una voz que resonó por toda la calle, dijo: «¡Bájese de esa cabina, señor!». Al abrirse la puerta de la cabina, se bajó un voluminoso hombre de seis pies de estatura y con un peso de 220. Ese pequeño policía apuntó al camionero y le gritó: «¿Qué cree usted que está haciendo? ¿Trata usted de matar a alguien?» «¡No, señor!» –contestó el chofer. Lo siento, señor. No fue mi intención violar los límites de velocidad. El pueblo apareció tan repentinamente que no me di cuenta. Lo siento mucho, señor». «Sígame. –le ordenó el policía. Lo llevó hasta la tienda, que también era la jefatura de la policía, le levantó una infracción y allí mismo se la cobró. Aquel chofer pagó dócilmente la multa y salió de allí en silencio».

Dr. Ithiel Torres

Mi pregunta es: ¿Cree que ese camionero que medía seis pies de altura, joven, fornido y que pesaba 220 libras, le tuvo miedo al anciano policía? El solo pensar esto es completamente absurdo. El camionero pudo haber tomado al anciano y haberlo hecho trizas, pero no lo hizo porque ese anciano portaba una placa sobre su pecho. Esa placa representaba autoridad la cual decía: «Este hombre representa el estado de Pensylvania y tiene el respaldo de todo el poder judicial de este estado. Y si eso no es suficiente, detrás de esto, también está el poder de los Estados Unidos».

Algunos creen que disfrutan de una licencia para el libertinaje en relación con la autoridad y abusan del poder que Dios les ha entregado por gracia. Estas personas, eventualmente, le causan vergüenza al Evangelio al caer en las artimañas del enemigo y en la desgracia. Quien crea que nadie tiene autoridad sobre su persona, aún vive en rebelión. Es necesario acercarnos a Dios para que Él quebrante ese espíritu rebelde y nos enseñe a ser sumisos a la dirección del Espíritu Santo y al plan perfecto que Dios tiene programado para nosotros como parte del Cuerpo de Cristo. Somos libres y ejercemos autoridad divina al cumplir lo que Dios nos ha ordenado hacer. No obstante, no estamos libre de las directrices del Espíritu Santo. Esto constituye estar una vez más bajo el yugo y la esclavitud del pecado.

Decir la Palabra

- «No te desampararé, ni te dejaré; de manera que podemos decir confiadamente: El Señor es mi ayudador; no temeré lo que me pueda hacer el hombre» (Hebreos 13: 5-6).

- «Yo soy Jehová tu sanador» (Éxodo 15:26).

- «Por su llaga fuimos nosotros curados» (Isaías 53:5).

- «Estas señales seguirán a los que creen» (Marcos 16:17).

- «Sobre los enfermos pondrán las manos y sanarán» (Marcos 16:18).

- «Para Dios, todo es posible» (Mateo 19:26).

- «Al que cree, todo le es posible» (Marcos 9:23).

- «He aquí os doy potestad sobre toda fuerza del enemigo» (Lucas 10:19).

- «Para que confiadamente podamos decir: Todo lo puedo en Cristo, que me fortalece» (Filipenses 4:13).

- «Todo lo que atéis en la tierra, será atado en el cielo; y todo lo que desatéis en la tierra, será desatado en el cielo» (Mateo 18:18).

- «Para que confiadamente podamos decir: Sal de este hombre, espíritu inmundo» (Marcos 5:8).

¡Todo lo que Jesús ha dicho, nosotros también podemos decirlo confiadamente!

CONCLUSIÓN

¿QUÉ ES el poder y la unción de Dios? No es una sustancia mística. El Espíritu Santo es la ejecución del poder del trono de Dios, quien actúa a través de hombres ungidos (empapados) con su poder y autoridad. La unción no es un espectáculo de televisión para los creyentes. No es ir al púlpito gritando y utilizando métodos para generar un desplazamiento emocional. Necesitamos ser ungidos para predicar efectivamente el Evangelio. Las demostraciones de emociones son muy cortas e infructuosas. Dios no busca elevar las emociones, Él quiere elevar y alimentar el espíritu de las personas que lo buscan con sinceridad.

Rodney M. Howard-Browne describe, en su libro *The Anointing* (*La Unción*), lo siguiente: «Las emociones causan un cambio por dos o tres días, pero un corazón conmovido nos cambiará por la eternidad». Necesitamos darnos cuenta de que la obra de Dios no se hace con ejércitos ni con fuerza humana, sino con el poder del Espíritu de Dios

(Zacarías 4:6). Dios unge a los hijos, cuyos corazones han sido quebrantados y saben mantenerse en humildad delante del Rey de reyes y Señor de señores.

En el mismo libro, Howard-Browne testifica: «Creo que el Señor me envió como misionero porque quiere hacer una obra. Yo le daré a Dios toda la oportunidad de hacer lo que Él quiera hacer, pero no soy yo quien lo hará. No me mataré tratando de hacerlo porque Jesús ya murió. De esta manera, nunca podré tomar crédito por lo que suceda porque sé que no soy quien lo hace. Simplemente soy el mensajero. Toda presión es levantada de nosotros cuando comenzamos a depender de la unción de Dios porque no es nuestra obra hecha con nuestras fuerzas, es la obra de Dios con las fuerzas de Él».

Si tratamos de llevar a cabo la obra de Dios con nuestras propias fuerzas, intelecto y sabiduría, seremos un fracaso en el ministerio porque recurriremos a armas naturales para pelear una guerra espiritual. Recurriremos a lo que nuestras emociones dictan y sienten, antes de correr a acercarnos a la fuente del verdadero poder, que es Dios a través de la obra del Espíritu Santo en nosotros. Las emociones producen solamente ruido sin poder, espectáculos sin resultados duraderos, promoción del hombre en lugar de la exaltación de Jesucristo. Produce legalismo a cambio de la gracia de Dios, libertinaje confundida por libertad.

La unción produce poder para servir, para dar fruto permanente, para exaltar de Jesucristo, para demostrar de la gracia de Dios y para dar libertad completa a los cautivos. Entonces, podemos concluir que el patrón diseñado por Dios para hacernos más que vencedores es el ungir a todo creyente con su poder y autoridad. Esta unción destruirá el yugo de esclavitud que ata al ser humano por el pecado. Las emociones solamente nos levantan por un corto tiempo, pero muy rápidamente nos dejan caer en la desesperación exponiendo el vacío espiritual de nuestras vidas que puede ser lleno solo y exclusivamente por la presencia del Espíritu de Dios.

Así que, recordemos estas cinco verdades espirituales:

1. Yo soy importante para el Reino de Dios, por lo tanto, actuaré como un embajador (2 Corintios

2. La Palabra de Dios está en mi boca, por lo tanto, hablaré como la voz de Dios (Romanos 10:8).

3. La obra de Dios es mi obra, por lo tanto, seré diligente en mi labor.

4. La revelación es mi calificación, por lo tanto, oraré.

5. Viene el tiempo de la cosecha, por lo tanto, sembraré.

BIBLIOGRAFÍA

The Anointing. Benny Hinn, MA: Smith Jones, 1996.

The Touch of God, Rodney Howard - Browne, State of the University Press, 1997.

Proof Producers, Morris Cerullo, World Evangelism Inc. 1980

The New Anointing, Morris Cerullo, World Evangelism Inc.

Good Morning Holy Spirit, Benny Hinn

La Unción Santa, Guillermo Maldonado, GM International 2004

Lexicon To The Old And New Testaments, Spiros Zodhiates, TH.D, AMG Publishers

A Concise Dictionary Of The Words In The Hebrew Bible, James Strong, S.T.D., LL.D., AMG Publishers

Dictionary Of The Greek Testament, James Strong, S.T.D., LL.D., AMG Publishers

How to win in Spiritual Warfare, Joseph E. Smith, Maranatha Campus Ministries

The Spiritual Man, Watchman Nee, Christian Fellowship Publishers, Inc.

Spiritual Authority, Watchman Nee, Christian Fellowship Publishers, Inc.

El Hombre Espiritual, Dr. Lewis Sperry Chafer, Publicaciones Portavoz Evangélico

The Best Of E. M. Bounds On Prayer, E. M. Bounds, Baker Book House

Diagnostic And Statistical Manual Of Mental Disorders (Fourth Edition), DSM-I, American Psychiatric Association

SOBRE EL AUTOR

El pastor Ithiel Torres nació en el pueblo de Coamo, Puerto Rico. Desde el momento de su conversión a Jesús, se dedicó al ministerio del Evangelio. Su llamado fue muy peculiar, pues ocurrió cuando era muy niño, (cuatro años). Cursó sus primeros estudios en las escuelas de su pueblo natal y, a la edad de 14 años, ingresó al Instituto Bíblico «La Peña de Horeb», en Yauco, Puerto Rico, donde se graduó con altos honores.

También, estudió en varias universidades y colegios, entre ellos, la Universidad de Puerto Rico, recinto de Cayey, en Puerto Rico; Almeda College, en South Dakota, Estados Unidos, donde obtuvo su Maestría en Teología con distinción en Estudios Religiosos; y la Universidad Cristiana, en Paterson, New Jersey, donde obtuvo su Doctorado en Ministerio con distinción en Consejería Familiar.

La tesis que presentó como requisito para obtener el grado de doctor fue un estudio sobre *La*

Unción de Dios -que ahora publica en forma de libro- en la que se propuso demostrar que la unción es más que una emoción. Este estudio se ha utilizado como libro de texto en varios institutos bíblicos y ha sido el tema de algunas conferencias en diversos países de Latinoamérica.

Durante su infancia, Dios le habló a través de palabras proféticas, sueños y visiones en las que le manifestó que tendría el privilegio de visitar muchas naciones y predicar su Evangelio en lugares lejos de Puerto Rico.

Comenzó su ministerio activo como predicador en el verano de 1969, en iglesias locales de diversos pueblos de Puerto Rico a las que era invitado a compartir la Palabra de Dios. Su primera experiencia ministerial internacional surgió a fines del año 1971, en México. Allí sirvió en calidad de asistente misionero, cerca de Ciudad Victoria, en el estado de Tamaulipas. Aunque se suponía que fuera una aventura de solo dos semanas de vacaciones, se quedó sirviendo por seis meses, lo cual cambió su vida totalmente.

A lo largo de su ministerio, ha tenido el privilegio de pastorear desde joven en varios lugares como Defiance, Ohio, Anchorage, Alaska,

Kileen, Texas, Yuma, Arizona, Middlesex y New Jersey. Además de su labor pastoral, también es un trompetista excelente. Ha viajado a muchos países en calidad de músico y/o predicador: a México, Guatemala, Nicaragua, Costa Rica, Ecuador, Colombia, Cuba, Puerto Rico, Haití, Rusia, Azerbaiyán y Estados Unidos.

El 31 de diciembre de 1980, contrajo matrimonio con su amada esposa Edna Torres, quien también completó un bachillerato en Teología. Edna es muy diestra en la enseñanza y participa activamente como pastora, educadora y líder de alabanza. Tienen dos hijos producto de su matrimonio, Aimée y Stephen.

Toda la familia se mantiene activa en el ministerio en diversas capacidades. Aimée es muy reconocida por su pasión por las artes, especialmente por el arte dramático; y Stephen es un reconocido ministro de Jóvenes y predicador del Evangelio. A través de todas las dificultades y problemas que la vida trae, el Reverendo y su familia han sabido mantener su fe e integridad a Dios y la iglesia.

Si desea tener contacto con el Dr. Ithiel Torres puede escribir a su correo electrónico: dr.ithielt@gmail.com. También, puede seguirlo en Facebook. Algunas de sus predicaciones se encuentran publicadas en YouTube en el canal de Cristo Visión Ministries.

Correo-e: dr.ithielt@gmail.com

Made in the USA
Columbia, SC
19 July 2024